本书由山东管理学院博士科研启动基金资助

土地资源配置的经济效应分析

吕玉霞 著

Tudi Ziyuan Peizhi De Jingji Xiaoying Fenxi

中国社会科学出版社

图书在版编目（CIP）数据

土地资源配置的经济效应分析/吕玉霞著.—北京：中国社会科学出版社，2017.12

ISBN 978-7-5203-1568-5

Ⅰ.①土… Ⅱ.①吕… Ⅲ.①土地资源—资源配置—经济效果—分析—中国 Ⅳ.①F323.211

中国版本图书馆 CIP 数据核字(2017)第 288477 号

出 版 人 赵剑英
责任编辑 卢小生
责任校对 周晓东
责任印制 王 超

出 版 中国社会科学出版社
社 址 北京鼓楼西大街甲 158 号
邮 编 100720
网 址 http：//www.csspw.cn
发 行 部 010-84083685
门 市 部 010-84029450
经 销 新华书店及其他书店

印 刷 北京明恒达印务有限公司
装 订 廊坊市广阳区广增装订厂
版 次 2017 年 12 月第 1 版
印 次 2017 年 12 月第 1 次印刷

开 本 710×1000 1/16
印 张 13.25
插 页 2
字 数 198 千字
定 价 58.00 元

前 言

经过30多年的高速发展以后，中国经济正处于从高速到中高速的增长速度“换挡期”、结构调整“阵痛期”和前期刺激政策“消化期”“三期叠加”阶段。在此阶段，中国经济发展的重要任务是如何实现增长速度平稳换挡和结构转型。截至2013年，中国经济总量达到56.88万亿元人民币，仅次于美国，一跃成为世界第二大经济体。然而，随着经济总量的巨大扩张，势必导致生产要素供给约束趋紧。作为生产要素的土地资源与经济增长和波动都存在密切的关系，伴随经济高速增长，土地自身价值攀升已成为GDP的重要组成部分（中国经济增长前沿课题组，2011）。据测算，1992—2000年和2001—2009年土地仅供给对经济发展的贡献率分别是13.93%和26.07%。同时，合理的增量供应结构可以改变不合理的存量结构，所以，各个国家的政府往往利用土地这一特性使之适应于现代经济社会发展的需要和城市自身的性质、类型。

中国土地资源配置方式的演变经历了一个复杂的历史过程。在改革开放后，逐步形成了以市场发挥基础性作用的土地资源配置方式，其核心是通过征收土地使用费、土地出让金等土地有偿使用的机制调节土地资源的配置，促进土地资源的节约、集约利用。特别是2007年土地出让收入管理制度改革后，“收支两条线”管理制度将全部土地出让收入地方国库，纳入地方政府性基金预算。中国对于土地资源的配置市场化程度也逐步加深。与此同时，中国房地产行业的发展经历了鼓励或限制等一系列调控措施，行业总体发展相对比较平稳。

本书旨在考察土地资源配置所产生的各类经济效应。从微观角度来看，考察土地资源配置对制造业转向投资房地产行业的产业“空心化”效应和对制造业空间布局的排序效应；从地区层面来看，考察土地资源配置和土地成本上升是否对产业转型升级形成了“倒逼”机制；从地方财政角度来看，讨论土地资源在住宅、商业和工业等方面的配置对土地财政的效应以及土地财政对地方税收负担的效应；在多部门和地区经济发生联系的空间均衡框架下，考察土地资源配置对地区和行业 GDP 及社会福利的一般均衡效应；从动态角度来看，以地方政府开发土地模式入手，考察政府主导的土地开发模式中金融加速器效应的成因和作用形式；最后选取山东省某国家级经济技术开发区作为样本，基于企业层面的微观数据，研究了开发区招商引资的组织动员策略和集聚发展策略。

房地产发展与房价和地价的快速上涨引起房地产部门及制造业部门产品之间相对价格的变动，由此引发资本、劳动力等生产要素在两个部门和区域之间的流动。从制造业企业微观角度来看，土地资源配置引发两个微观效应：一个是土地资源配置吸引制造业上市公司向房地产行业投资引起“空心化”效应，另一个是土地资源配置造成地区间土地价格差异诱发制造业上市公司空间转移引起排序效应。

基于 2007—2013 年制造业上市公司数据研究发现，无论是采用当期、三年平均或滞后一期的指标，主营业务资产收益率与房地产投资均呈现负相关关系，制造业上市公司投资房地产很大程度上是因为其主业收益率过低。受房地产繁荣影响的主要是成立时间较短的制造业上市公司，而那些成立时间较长的公司，可能由于盈利模式已经比较成熟，反而较少参与投资房地产业务。

基于异质性企业空间分布的研究，实证分析了排序效应的存在。子公司所在地平均工业用地出让价格的系数均显著为正，这意味着平均工业出让土地价格每增加 1 万元，公司的生产效率提高 0.012%，这证明了排序效应的存在。同时，从第一年到第三年，子公司平均工业用地出让价格的排序效应逐年升高，而到第四年则逐步消失。

从区域角度来看，土地政策和价格能够发挥对产业转型升级的“倒逼”作用。政府如果执行严格的土地出让政策和较高的工业土地出让价格，会降低用地效率低行业的相对收益，“倒逼”生产要素转向其他部门；而如果政府执行宽松的土地规制政策，这一“倒逼”机制就完全没有作用。我们利用全国各地市的数据，讨论土地资源配置是否形成了对产业转型升级的“倒逼”机制。研究发现，市场力量主导所形成的“倒逼”效应强于政府主导机制，劳动力成本上升对工业增长的抑制效应和对第三产业的促进效应同时并存，而依靠政府发挥作用的环境规制和土地约束并未形成有效的“倒逼”机制。

从地方政府角度来看，土地资源已经成为地方政府财政收入来源的重要组成部分，“土地财政”已经成为中国经济转型发展中的重要问题。1994 年分税制改革后形成的财政集权为土地财政奠定了制度性基础，而降低由于财权和事权不对称形成的财政收支缺口则是地方政府大搞土地财政的一个重要动因。土地财政一方面可能会降低地方政府的税收激励，从而减轻地方税收负担水平；另一方面地方政府优化各类土地征收策略可能增加地方税收负担。我们利用各地市数据分别检验了住宅用地、商业用地和工业用地三类土地出让在土地财政机制中发挥的不同作用，并讨论了土地财政对地方税收负担的效应。

关于各类土地价格对于土地财政作用的研究表明，2007—2013 年，土地财政依赖度普遍较高并且年度间波动比较大；土地价格对土地财政依赖度提高有正向影响，总体来看，工业土地出让价格对土地财政的贡献最大，其余按贡献度依次为住宅用地出让价格和商业用地出让价格；在 2007—2010 年房地产投资活跃时期，土地价格更容易推升土地财政依赖水平；而在 2011—2013 年房地产投资下降时期，土地价格对土地财政依赖水平没有显著影响。

关于土地财政对税收负担影响的研究表明，土地出让金比重会降低地方税收占比和企业所得税占比，但影响系数在经济学意义上可以忽略不计，而对营业税占比、增值税占比和个人所得税占比统计系数不显著。从税收负担角度考虑，“以地生税”机制并没有发挥太大的作用。而基于投资缓慢调整期（2011—2013 年）的分析则表明，土地财政依赖程度降低，税收负担却有所上升。

另外，约简模型只能描述均衡结果，而刻画土地出让价格变动如何达到新均衡的过程只能由结构模型实现。我们的模型引入多个部门建立投入产出之间的联结，并将投入划分劳动力和土地两类要素，土地仅可在部门间转移，而劳动力可在地区和部门间转移，讨论土地资源配置的一般均衡效应。基于中国地区和产业一般均衡模型的研究发现，土地出让价格变动对社会福利的影响也通过三个渠道实现。首先，由于出让土地价格变动引起的基本生产率变动会影响所有部门由消费加权的全要素生产率（TFP）。其次，出让土地价格变动引发的劳动力流动影响投入要素组合中劳动力成本的占比。最后，土地价格变动和生产率变动通过国家财富组合收益和个体实际收入影响社会福利。基于山东省某国家级经济技术开发区微观数据，研究发现，开发区招商引资充分动员各个序列政府部门积极参与；但是，各部门可能由于在基层政治序列中的相对位置的不同，导致其土地投资效率不同。同时，开发区招商引资很大程度上实现了产业集聚发展策略。开发区实行先本地后外地的投资策略，较好地动员本市企业参与早期开发，克服了发展初期投资不足。产业集聚效应明显，前期投资较多的部门更容易吸引优质投资项目，但产业集聚政策仍局限于土地利用效率较低的产业。

从政府特色土地开发模式的角度研究发现，中国独特的开发模式所采用的融资方式很大程度上依赖于土地增值预期，因而与宏观经济走向相联系而呈现很强的金融加速器效应。基于地级市城投债的实证结果验证了金融加速器效应：当宏观经济增速较高时，前期土地财政水平与后期城投债融资规模呈正相关关系；而当宏观经济增速放缓时，前期土地财政水平与后期城投债融资规模和次数呈负相关关系。同时，土地金融加速器效应主要来自以商住用地为主的土地开发模式。更为重要的是，土地金融加速器发挥效应依赖于财政分权体制和地方官员晋升锦标赛等制度性因素。要从根本上防范土地开发模式可能造成的风险，在稳定地方政府财力的同时，要建立科学合理的考核体系来配置地方官员的激励结构。

本书从七个方面拓展了已有研究。厘清了房地产业发展对于制造业上市公司的“空心化”效应和排序效应，填补了已有研究尚没有从公司层面提供“空心化”效应和排序效应的直接证据这个研究空白；

进一步厘清了开发区招商引资的策略。从土地作为一类重要生产要素的角度出发，考察了土地等各类成本上升对产业转型升级的“倒逼”效应以及特有开发模式下的土地金融加速器效应；讨论了各类用地价格在土地财政中发挥的不同作用，深化了关于“以地生税”机制的认识，并考察了土地财政对税收负担的影响；建立了中国地区和产业一般均衡模型，分析土地资源配置对地区 GDP 和社会福利的影响过程；基于地级市城投债的实证结果验证了金融加速器效应，土地金融加速器效应主要来自以商住用地为主的土地开发模式，土地金融加速器发挥效应依赖于财政分权体制和地方官员晋升锦标赛等制度性因素。

关键词： 土地配置　产业“空心化”　转型升级　金融加速器　土地财政　空间均衡

目　录

第一章　引言

第一节　问题的提出

中国经济正处于从高速到中高速的增长速度“换挡期”、结构调整“阵痛期”和前期刺激政策“消化期”“三期叠加”阶段。在此阶段，中国经济发展的重要任务是实现增长速度换挡和结构转型。截至2013年，中国经济总量达到56.88万亿元人民币，作为世界第二大经济体，经济总量巨大导致生产要素供给约束趋紧。以土地为例，改变土地供应结构是地方政府调整经济结构的重要手段。据测算，1992—2000年和2001—2009年，土地对经济发展的贡献率分别是13.93%和26.07%（叶剑平、马长发、张庆红，2011）。

作为生产要素的土地与经济的各方面都存在密切的关系。伴随经济高速增长，土地价值攀升成为GDP的重要组成部分。根据《中国国土资源统计年鉴》的数据，土地出让金从1999年的514亿元飞速上涨到2008年的1万亿元，2013年和2014年的土地出让金仍在高速增长，分别达到4.2万亿元和3.3万亿元。可以看出，土地作为形成和调整产业结构的载体，对整个产业布局起着至关重要的作用（见图1－1）。由于用地结构有存量用地结构和增量土地供应结构之分，而且增量供应结构直接影响存量用地结构，因此，合理的增量供应结构可以改变不合理的存量结构，各个国家的政府往往利用土地这一特性使之适应于现代经济社会发展的需要和城市自身的性质、类型与发展方面的需要。

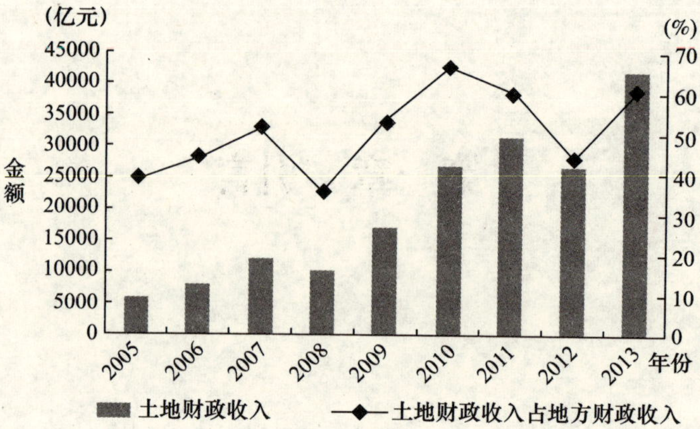

图1-1 土地财政占地方财政收入比重情况

资料来源:《中国国土资源统计年鉴》和《中国统计年鉴》。

伴随改革开放和经济增长的进程，中国土地出让和管理制度在2000年以后也发生了一系列变化。2001年，国家要求大力推行土地使用权招标、拍卖，确立国有建设用地供应必须向社会公开的原则。2003年年底，国家实行了省以下土地垂直管理体制，力求在土地资源利用和管理上解决一系列深层次的矛盾和冲突。2007年的《中华人民共和国物权法》（以下简称《物权法》）从法律的高度确立了以国有建设用地使用权招标、拍卖等公开竞价方式出让的市场配置制度，通过国家颁布的法律法规逐步把土地推上了历史的舞台。而在土地出让市场化方面，1993—2002年，协议出让的比重从91.22%下降到83.98%，招标、拍卖、挂牌的比重由8.79%上升到16.03%。到2014年，根据国土资源部发布的消息，中国招标、拍卖、挂牌出让土地面积为25.15万公顷，占出让总面积的92.5%；招标、拍卖、挂牌出让合同价款3.18万亿元，占出让合同总价款的95.3%。土地作为特殊的经济发展要素已经越来越走向市场化道路。

房地产泡沫引起工业企业转移投资重心，并可能影响企业抵押担保资产的价值，发挥对宏观经济的“金融加速器”作用。Miao和Wang（2012）研究发现，企业因资产泡沫而将资本投入有资产泡沫的部门，从而挤出了主要业务的创新投入。范言慧等（2013）从理论上阐释了房地产业繁荣如何引发制造业的“荷兰病”，并确认了房地产行业扩张由于引发本币实际升值和通货膨胀而对制造业出口产生了不利影响。房价（地价）影响企业借贷和投资的主要渠道是抵押品升值的效应。Gan（2007）利用企业层面数据研究发现，20 世纪 90 年代初，日本土地市场泡沫破灭所造成的土地贬值使企业的银行借贷和投资都显著下降。艾尔梅达和坎佩洛（Almeida and Campello，2007）、查尼（Charney，2012）对美国的研究发现，企业的房地产价值增加提高了抵押担保能力，也引致企业投资增长。曾海舰（2012）、罗时空和周亚虹（2013）对中国的研究也发现了类似的抵押担保效应，其中，后者发现面临融资约束的企业房价上涨引发的投资效应更加明显。Liu 等（2013）进一步考察土地作为抵押品对信贷约束企业的融资功能，发现土地价格上涨能够增加企业投资。武康平和胡谍（2011）以及郑忠华和邸俊鹏（2012）发现，中国也存在类似的房地产“加速器”机制，房地产市场会放大外界冲击对经济的影响，从而加剧经济波动。

由于中国存在相互独立的城乡二元土地市场，地方政府有可能依靠一级土地市场上的垄断地位，策略性地制定商住用地和工业用地价格，以求加快当地经济发展速度（蒋省三等，2007；陶然等，2009；杨帅等，2010）。然而，随着招拍挂的形式不断推进，当前土地出让又表现出明显的“土地财政”特征。1994 年实行分税制后，土地出让金不再上缴中央财政，成为地方政府预算外收入的主要来源，地方政府因而倾向于通过高地价获得高额土地出让金（陶然等，2009；满燕云，2010；周飞舟，2007）。而“土地引资”假说认为（张莉等，2011a），土地财政假说并不是理解地方政府土地出让行为的唯一视角，因为中国地方官员不仅面临财政激励还面临政治激励，地方官员会对政治激励做出反应（徐现祥等，2010；刘瑞明等，2010）。在中国，地方官员是由上级任命的，改革开放以来，地方官员的晋升与其辖区经济绩效显著相关（Bo，2002；Li et al.，2005），结果地方官员为增长而竞争（张军，2005），致力于招商引资等发展辖区经济，开展政治晋升锦标赛（周黎安，2007）。除了财政激励，地方官员还有可能把出让土地作为发展辖区经济、参与政治晋升锦标赛的主要手段之一。这两种激励共同作用扭曲了地方政府的土地出让行为。梁若冰（2009）和张莉等（2011）的研究表明，财政分权制度下地方政府官员的晋升激励和地方土地部门的部门利益以及地方官员合谋显著影响土地违法。

同时，房地产业高速发展和土地资源配置对中国经济社会发展产生了深远影响。中国城市房屋价格在过去十年涨幅巨大。根据清华大学恒隆房地产研究中心（CQCHPI）2016 年 2 月发布的研究报告，CQCHPI 新建商品住房指数显示，近十年典型城市的房价都经历了惊人的上涨，一线城市尤为突出。从 2006 年第一季度到 2015 年第四季度的十年间，典型城市房价总体上涨 255.1%，年均上涨 13.5%，涨速远高过同期 9.5% 的 GDP 年均增长率。根据国家统计局公布数据，2004—2010 年，全国商品房销售价格年平均增长率为 10.4%。房地产业高额回报率吸引了大量资金和生产要素涌入，由此产生的虹吸效应压缩了其他行业的发展空间，从而对产业结构整体上形成扭曲。根据原鹏飞和冯蕾（2014）的计算，1998—2012 年，房地产开发投资年平均增速高达 25.9%，高于全社会固定资产投资的速度（21.9%）。同时，房产升值和租金上涨带来的财产性收入增长加剧了拥有不同房产阶层之间的贫富差距。

已有研究在房地产对制造业的影响、企业空间转移和土地财政等方面展开了深入的研究，但仍然存在继续深化的空间。本书从以下几个方面拓展已有研究：从微观角度考察土地资源配置对制造业转向投资房地产行业的产业“空心化”效应，以及对制造业空间布局的排序效应；从地区层面，考察土地资源配置和土地成本上升是否对产业转型升级形成了“倒逼”机制；从宏观层面考察中国特色开发模式下土地金融加速器效应；从地方财政角度讨论土地资源在住宅、商业和工业等方面的配置对土地财政效应以及土地财政对地方税收负担效应；在多部门和地区经济发生联系的空间均衡框架下，考察土地资源配置对地区和行业 GDP 和社会福利的一般均衡效应。最后，以山东某经济技术开发区为例，利用企业层面的微观数据，分析了开发区招商引资的组织动员和产业集聚策略的效果。

第二节 研究问题和意义

一 所要解决的主要问题

本书旨在考察土地资源配置产生的各类经济效应。本书的第一个目标是通过建立实证模型，从微观企业、地区和地方政府角度分析土地资源配置在房地产发展过程中对中国经济产生的一系列影响。第二个目标是通过建立中国地区和产业的结构模型，在一般均衡的框架下，考察一个地区土地价格的变动对资源配置和产出产生的影响。

房地产发展与房价和地价的快速上涨引起房地产部门及制造业部门产品之间相对价格的变动，由此引发资本、劳动力等生产要素在两个部门和区域之间的流动。

从制造业企业微观角度看，土地资源配置引发两个微观效应：一个是土地资源配置吸引制造业上市公司向房地产行业投资引起“空心化”效应，另一个是土地资源配置造成地区间土地价格差异诱发制造业上市公司空间转移引起排序效应。我们利用制造业上市公司2007—2013年的数据，讨论土地资源配置的这两个微观效应。在此基础上，为了进一步深化研究，基于山东某开发区企业层面的数据，研究开发区招商引资的组织动员和集聚发展策略。

从区域角度来看，土地政策和价格能够发挥对产业转型升级的“倒逼”作用。政府如果执行严格的土地出让政策和较高的工业土地出让价格，会降低用地效率低行业的相对收益，“倒逼”生产要素转向其他部门；而如果政府执行宽松的环境规制，这一“倒逼”机制就完全没有作用。我们利用全国各地市的数据，讨论土地资源配置是否形成了产业升级的“倒逼”机制。

从地方政府角度来看，土地资源已经成为地方政府财政收入来源的重要组成，“土地财政”已经成为中国经济转型发展中的重要问题。1994年分税制改革后形成的财政集权为土地财政奠定了制度性基础，而降低由于财权和事权不对称形成的财政收支缺口则是地方政府大搞土地财政的一个重要动因。一方面，住宅、商业和工业用地价格在土地财政机制中发挥了不同作用；另一方面，土地财政可能在一定程度上扭曲税收收入结构。我们利用各地市数据分别检验这两个效应。

约简模型只能描述均衡结果，而刻画土地出让价格变动如何达到新均衡的过程只能由结构模型实现。我们将模型引入多个部门建立投入产出之间的联结，并将投入划分劳动力和土地两类要素，土地仅可在部门间转移，而劳动力可在地区和部门间转移，讨论土地资源配置的一般均衡效应。由于无法得到地区间的贸易数据，我们没有做相应的数据校准和模拟。

从中央政府角度来看，基于地级市城投债融资数据，从动态视角讨论了土地金融加速器效应。具体而言，本书分别利用2010—2012年宏观经济扩张期和2013—2015年宏观经济放缓期的数据，研究了政府土地开发中的金融加速器效应。实证结果验证了以土地融资为核心的中国特色土地开发模式的金融加速器效应：当宏观经济扩张时，前期土地财政水平与后期城投债融资规模和次数呈正相关关系；而当宏观经济增速放缓时，这些关系呈负相关关系。同时，土地金融加速器效应主要来自以商住用地为主的土地开发模式。更为重要的是，土地金融加速器发挥效应依赖于财政分权体制和地方官员晋升锦标赛等制度性因素。

招商引资是经济开发区重要的发展策略。已有文献发现，地方政府通过制定合格的土地或税收等政策来招商引资，但缺少从政府内部部门之间的角度分析开发区的招商引资策略（孙秀林、周飞舟，2013；龙小宁等，2014）。基于山东某开发区（以下简称A开发区）企业层面的数据，本书从微观角度出发，研究A开发区招商引资的组织动员和集聚发展策略。

为了表述方便，我们将本书的研究内容总结成以下几个具体问题。

问题一：房地产行业繁荣是否引发制造业产业“空心化”问题？

问题二：土地成本上升是否引发了制造业空间布局的排序效应？

问题三：土地资源配置对第二产业和第三产业发展有哪些影响，土地成本是否对第二产业发展形成了“倒逼”机制？

问题四：土地资源配置和土地财政以及税收负担之间存在怎样的关系？

问题五：在空间均衡框架下，土地资源配置对地区和行业 GDP 与社会福利有哪些一般均衡效应？

问题六：以政府为主导的土地开发模式、土地金融加速器发挥效应的形式如何？

问题七：开发区招商引资过程中是否充分发挥了土地投资效率，从而实现产业集聚发展策略？

二 研究意义

房地产繁荣和土地资源配置已经对国民经济和产业发展产生重要影响，本书具有重要的理论和现实意义。

第一，国家垄断一级土地市场是当前和未来一个时期内中国土地资源配置的重要特征。本书从个体公司层面检验房地产行业繁荣是否引发制造业产业“空心化”问题，并检验土地成本上升对制造业空间布局的排序效应以及产业的集聚效应，对于新常态下制造业的发展路径选择具有一定的指导意义。

第二，在区域经济层面，讨论土地成本对第二产业和第三产业发展的影响，检验土地成本是否对产业升级形成了“倒逼”机制，深化对新常态下区域经济转型升级的理解。

第三，在宏观经济层面，从动态视角讨论中国特色开发模式下的金融加速器效应，为国家进行宏观调控提供了理论依据，为进一步控制投资风险提供政策建议。

第四，讨论土地资源配置和土地财政以及税收负担之间的关系，有助于理解土地财政形成机制及其影响。

第五，构建空间均衡模型，探讨土地资源配置对地区和行业经济的影响，能够加深对区域经济运行机制的理解，拓宽相关的研究领域，具有较大的理论意义。

第六，讨论土地制度对土地资源配置的影响，有利于进一步完善相关土地制度，对未来出台调整政策也有一定的指导作用。

第三节　研究路线、研究方法和结构安排

一　研究路线

本书首先回顾中国2000年以来房地产发展和土地管理政策的演变，并简要地介绍宏观经济发展和土地出让的总体情况，作为研究的背景。在研究的主体部分，先从微观企业、地区和地方政府角度，分析土地资源配置在房地产周期过程中对中国经济产生的一系列影响，主要考察土地资源配置吸引制造业上市公司向房地产行业投资引起“空心化”效应和土地资源配置造成地区间土地价格差异诱发制造业上市公司空间转移引起排序效应，土地资源配置在转型升级中的“倒逼”机制，以及住宅、商业和工业用地价格在土地财政机制中的作用及土地财政对税收收入结构的扭曲效应；随后又通过建立中国地区和产业的结构模型，在一般均衡的框架下，考察一个地区土地价格的变动对资源配置和产出的影响。特别需要指出的是，土地资源配置在企业效应、转型升级效应和财税效应三方面研究中使用了约简模型，而对土地资源配置的一般均衡效应则使用了结构模型。基于研究问题，本书设计的具体研究路线图如图 1－2 所示。

二　研究方法

本书主要使用文献回顾、实证计量分析和理论模型分析三种方法。针对土地资源配置及其演变采用文献回顾法；针对土地资源配置在房地产发展过程中对微观企业、地区和地方财政产生的一系列影响，以及政府主导土地开放模式中的金融加速器效应，使用制造业上市公司数据和地市级数据进行了实证计量分析；针对土地资源配置（土地出让价格）对地区 GDP 和社会福利的影响，则建立具有多部门和地区经济联系的结构模型，在一般均衡的框架下，讨论作用机制和效应。

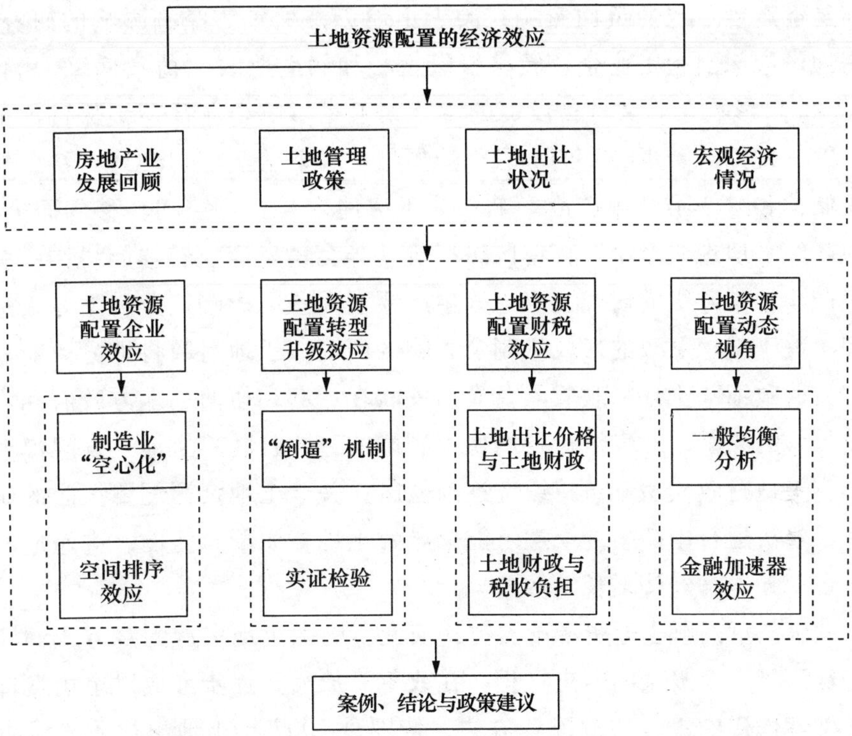

图1-2 研究路线

三 本书结构

本书通过建立实证和结构模型，一方面从微观企业、地区和地方政府角度，分析土地资源配置在房地产发展过程中对中国经济产生的一系列影响；另一方面基于空间均衡模型，考察一个地区土地价格的变动对资源配置和产出的一般均衡效应，以及土地融资为核心的中国特色土地开发模式的动态特征，并以A开发区为例，利用企业层面的微观数据，分析了开发区的招商引资策略。各章的具体内容介绍如下：

第一章提出本书研究的问题和意义，以及研究路线和结构。

第二章对涉及的相关文献进行综述和评价。根据研究内容，文献进展的综述包括以下几个方面的内容：关于土地资源配置与房价上涨的研究，房屋价格成为宏观经济周期的重要驱动因素，房价上涨对实体经济产生一定的负面影响；关于土地资源配置与经济影响的研究，房地产泡沫引起工业企业转移投资重心和制造业的“荷兰病”，房价（地价）影响企业借贷和投资的主要渠道是影响企业抵押担保资产的价值，发挥对宏观经济的金融加速器效应，房价上涨对实体经济、居民储蓄和财产不平等造成影响；关于房地产与企业空间转移的研究，在新经济地理模型中，存在区域房价差异会诱发产业转移的机制；关于产业转型升级的研究，土地等生产要素配置会影响产业转型升级进程；关于土地财政的形成机制及影响的研究，土地财政将地方政府和官员的政绩与土地财政收入及支出关联在一起，扭曲了地方政府和官员行为的激励，对经济运行产生不利影响，并且随着土地开发规模缩小，土地财政模型不可持续性逐渐显露；关于土地资源配置扭曲的研究，经济运行中产生的摩擦可能会导致土地资源配置扭曲，进而形成生产率差异和经济增长绩效差异。

第三章回顾土地资源配置方式演变。中国土地资源配置方式的演变经历了一个复杂的历史过程。在改革开放后，逐步形成以市场发挥基础性作用的土地资源配置方式，特别是2007年土地出让收入管理制度改革后，“收支两条线”管理制度将全部土地出让收入纳入地方国库，纳入地方政府性基金预算。此外，中国对于土地资源的配置市场化程度也逐步加深。与宏观经济状况相一致，中国房地产行业的发展经历了鼓励或限制等一系列调控措施。

第四章以上市公司为例，考察土地资源配置的微观效应。房地产发展与房价和地价的快速上涨引起房地产部门和制造业部门产品之间相对价格的变动，由此引发资本、劳动力等生产要素在两个部门和区域之间的流动。本章从制造业企业微观角度出发，基于制造业上市公司2007—2013年的数据，讨论土地资源配置的两个微观效应：一个是土地资源配置对制造业上市公司的“空心化”效应，另一个是土地资源配置对制造业上市公司的排序效应。

第五章考察土地资源配置的产业转型升级效应。实现产业转型升级是当前中国经济可持续发展所面临的重要任务。已有研究多基于发达经济体的现状，探讨技术进步和产品需求影响产业结构变迁的规律，从土地作为一类重要生产要素的角度出发，本书讨论各类成本上升是否对产业转型升级形成“倒逼”机制。研究发现，市场力量主导所形成的“倒逼”效应强于政府主导的机制，劳动力成本上升对工业增长的抑制效应和对第三产业的促进效应同时并存，而依靠政府发挥作用的环境规制和土地约束并未形成有效的“倒逼”机制。

第六章考察土地资源配置的财政和税收效应。土地资源已经成为地方政府财政收入来源的重要组成部分，形成中国特色的“土地财政”问题。1994 年分税制改革后形成的财政集权为土地财政奠定了制度性基础，而降低由于财权和事权不对称形成的财政收支缺口则是地方政府大搞土地财政的一个重要动因。本部分验证住宅、商业和工业用地在土地财政机制中发挥的不同作用，并讨论土地财政对地方税收负担的效应。

第七章考察基于空间均衡模型，分析土地资源配置的社会福利效应。本部分借鉴 Caliendo 等（2014）的思想，建立中国地区和产业的结构模型，在一般均衡框架下，考察一个地区土地价格的变动对资源配置和产出的影响。与贸易模型的差异在于，这个模型引入多个部门建立投入产出之间的联结，并将投入划分为劳动力和土地两类要素，土地仅可在部门间转移，而劳动力可在地区和部门间转移。由于无法得到地区间的贸易数据，我们没有做相应的数据校准和模拟。

第八章考察以土地融资为核心的中国特色土地开发模式的动态特征。这一土地开发模式所采用的融资方式在很大程度上依赖于土地增值预期，因而与宏观经济走向相联系而呈现很强的金融加速器效应。基于地级市城投债的实证结果验证了金融加速器效应：当宏观经济增速较高时，前期土地财政水平与后期城投债融资规模呈正相关关系；而当宏观经济增速放缓时，前期土地财政水平与后期城投债融资规模和次数呈负相关关系。同时，土地金融加速器效应主要来自以商住用地为主的土地开发模式。更为重要的是，土地金融加速器发挥效应依赖于财政分权体制和地方官员晋升锦标赛等制度性因素。

第九章以 A 开发区为例，利用企业层面的微观数据，分析了开发区的招商引资策略。同时，引入计量模型，分析了开发区招商引资的组织动员和产业集聚策略的效果，研究发现：经济技术开发区在招商引资过程中通过考核和激励政策，组织动员了各县市区和职能部门积极参与，形成“全员齐招商”的局面。自上而下的管理体制明确了招商主体的责任，保证了各类项目签约后开工完成率较高。然而，各部门由于在基层政治序列中的相对位置的不同，导致其土地投资效率不同，其中，公共服务部门的投资项目的土地投资效率最高，乡镇和党政部门最低。

第十章总结了本书主要的研究结论，指出本书的创新和不足之处，并展望了未来本领域需要深化研究的方向。

第二章 土地资源配置及经济效应研究进展

土地资源配置已经成为宏观经济的重要调整手段，房地产也成为中国经济进入21世纪经济高速发展的两个重要引擎之一，关于土地资源配置和房地产行业前期已经进行了深入研究。本章从本书所设立的问题出发，主要围绕土地资源配置与房价上涨、土地资源配置与经济影响、企业空间转移、产业转型升级、土地财政形成机制及其影响以及土地资源配置扭曲六个方面，集中讨论与之关联的文献，为后文的专题研究的展开奠定理论基础。

第一节 土地资源配置与房价上涨

价格是市场机制下调整资源配置的主要手段。房屋价格对中国土地资源配置产生了重要影响，也成为宏观经济周期的重要驱动因素。基于内生增长模型假定投资的正外部性，普遍认为，投机性泡沫会把储蓄挤出生产性投资，因此不利于经济增长（Grossman and Yanagawa，1993；King and Ferguson，1993）。不过，投机性泡沫如果是由于上市公司股权等生产性资产而催生，其对经济增长的作用取决于所挤出投资在挤出和挤入两个部门的相对使用效率（Olive，2000）。

部分学者实证讨论了房价泡沫的形成机制。李永友（2014）发现，中国整体性房价上涨，主要归因于需求驱动和价格变化的滞后效应及其空间扩散效应，最大限度地实现土地和住房配置机制的市场化是防止房价过快增长的关键环节。徐建炜等（2012）从人口结构角度解释中国的高房价现象，发现少年抚养比重和老年扶养比重的上升都会导致房屋价格下降，2000—2010 年，房价上涨主要由享受福利分房人群所累积的额外储蓄所驱使；在 2015 年后，中国人口结构的演进趋势和储蓄释放过程完成使房价失去快速上涨的条件。赵安平和罗植（2012）挑战了财政支出会通过公共服务资本化提升房价的观点，土地财政对房价上涨的影响取决于土地收入的用途，仅在土地财政收入继续用于扩大土地开发规模和房地产建设时，才可能会导致房价与地价交错上涨的恶性循环。

关于房地产市场泡沫的理论研究。王永钦和包特（2011）基于 De Long 等（1990），构建了一个包含“追涨杀跌”策略噪声交易者模型，讨论房地产市场上泡沫的产生机制。由于理性交易者会赶在噪声交易者之前进行“追涨杀跌”，房地产市场价格偏离基本面，从而加剧市场波动。他们提出了抵制非理性房地产泡沫的一系列措施：增加土地和住房供给，提高住房供求信息的披露和房产交易的透明度，加强对欧式贷款政策银行监管和提升住房质量或者产权保护水平等。王锦阳和刘锡良（2014）建立了同时考虑住宅报酬率时变性和住宅报酬率风险溢价因子的住宅基本价值模型，在真实住宅价格偏离住宅基本价值情况下，将真实住宅价格分解为住宅基本价值和泡沫成分两个部分。他们发现，城镇人均可支配收入的持续增长和高通货膨胀率引致的低真实利率是推动四个直辖市住宅基本价值持续上涨的两个重要因素，受 2009 年降率免税和“四万亿”经济刺激政策等的刺激，真实住宅价格才开始出现明显的泡沫。

郑思齐等（2014）讨论了城市基础设施投资、房价和土地收入三者间的互动关系，城市基础设施投资能够显著地资本化到居住用地价格中，带来对商住用地价格上涨的拉动作用；商住用地价格上涨推高了地方土地出让收入，为基础设施投资提供了更为强大的融资支持，形成发展的正向反馈。高玲玲（2015）也发现，商品房销售价格的上涨，降低了工业增加值占 GDP 比重。

第二节　土地资源配置与制造业发展

房地产泡沫引起工业企业转移投资重心。Miao 和 Wang（2012）基于两部门内生增长模型的分析表明，企业因资产泡沫而将资本投入有资产泡沫的部门，从而挤出了主要业务的创新投入，如果有资产泡沫的部门技术无法外溢，则主业投资减少对整体经济增长产生负面影响。范言慧等（2013）从理论上阐释了房地产业繁荣如何引发制造业的“荷兰病”，对时间序列数据的分析发现，房地产行业扩张由于引发本币实际升值和通货膨胀而对制造业出口产生了不利影响，这一不利影响主要集中在劳动密集型和资本密集型两类产品。出口的负面影响十分显著而对技术密集型产品出口的影响则不显著，进而提出房地产业作为不可贸易部门其过度扩张也会诱发“荷兰病”的理论机制。

房价（地价）影响企业借贷和投资的主要渠道是影响企业抵押担保资产的价值。Gan（2007）利用企业层面数据研究发现，20 世纪 90 年代初，日本土地市场泡沫破灭所造成的土地贬值使企业的银行借贷和投资都显著下降。艾尔梅达和坎佩洛（2007）、查尼等（2012）以及希勒（Shiller，2014）对美国的研究发现，企业的房地产价值增加提高抵押担保能力而引致企业投资增长。曾海舰（2012）、罗时空和周亚虹（2013）对中国的研究也发现了类似的抵押担保效应，其中后者发现，面临融资约束的企业房价上涨引发的投资效应更加明显。

房地产市场有可能发挥对宏观经济的金融加速器效应。借鉴伯南克等（Bernanke et al.，1999）以及 Kiyotaki 和 Moore（1997）所提出的“金融加速器”的思想，Iacoviello 和 Pavan（2013）以及 Favilukis（2010）将住房纳入动态随机一般均衡模型（DSGE），住房或土地可以为受到信贷约束的家庭消费融资，解释了房价变动时消费的同向变动。Liu 等（2013）进一步考察土地作为抵押品对信贷约束企业的融资功能，发现土地价格上涨能够增加企业投资。武康平和胡谍（2011）以及郑忠华和邸俊鹏（2012）发现，中国也存在类似的房地产“加速器”机制，房地产市场会放大使外界冲击对经济的影响，从而加剧经济波动。

吴海民（2012）基于2001—2010年沿海地区12省市民营工业的面板数据，发现了房地产价格上涨引发民营工业规模和效率“空心化”的作用机制。邵挺和范剑勇（2010）发现，大型城市的房价过快上涨影响到制造业区位选择，是长三角制造业布局分散化的重要诱因。陈斌开等（2015）认为，房地产发展与房价快速上涨主要由政府造成，由此产生的产品之间相对价格扭曲会造成资源错配，进而对全要素生产率带来负面影响。从财税体制改革入手，构建房地产市场平稳健康发展的长效机制，才能从根本上遏制房地产价格过快上涨。同时，陈斌开等（2015）考察了房地产行业与其他行业间的关系，发现行业生产效率和该行业与房地产相关性呈负相关，那些与房地产相关性强的行业，在房价升高时会享有更高的利润率。

部分学者注意到住宅投资占GDP比重长期以来过高的问题以及房价上升对于宏观经济的影响。张清勇和郑环环（2012）指出，2009年这一比重攀升到10.7%，尽管存在历史欠账问题，但长达30余年的连续高住宅投资可能会扭曲经济结构。原鹏飞和冯蕾（2014）构建了包含存量住房资产的动态模型，系统地模拟了房价上升对经济增长、收入分配和贫富分化的效应。研究表明，由房价上涨带来的房地产行业快速发展能够显著地提高经济增长率，带动建筑业和重工业等关联行业快速扩张，却挤占了农业、轻工业和公共服务业的发展空间，近年来，贫富差距进一步恶化很大程度上源自由房产溢价形成的利益固化。陈彦斌和邱哲圣（2011）基于Bewley模型，讨论了高房价对中国城镇居民储蓄率和财产不平等的影响。研究发现，过快的房价上涨引发的房产收益率居高不下激发了净资产更高的家庭投资性住房需求，购房首付和还款年限的存在抑制了净资产较低家庭的住房需求，而收入风险和住房交易成本使净资产较低家庭因预防性动机而进一步降低，由此产生的住房消费性需求和投资性需求的不对称性使城镇家庭住房不平等程度增加，高房价扭曲了居民储蓄和投资行为，从而使城镇居民的福利水平普遍下降。

另外一类学者讨论了房价上涨对微观经济主体行为的影响。王文春和荣昭（2014）研究了房价的快速上涨对35个大中城市规模以上工业企业的新产品开发活动的影响，发现房价上涨率会抵制当地工业企业新产品开发行为，但是，规模较小企业和外资企业所受影响较小。高玲玲（2015）发现，商品房销售价格上涨的吸附效应和成本效应大于抵押担保效应，从而对工业产出存在挤出效应，因而房地产业作为支柱产业促进经济增长的论断需要商榷。吴晓瑜（2014）从微观主体职业选择角度研究发现，房价上涨的“替代效应”阻碍了无房者的创业行为，而综合了“财富效应”“信贷效应”以及“替代效应”后，房价上涨对有房者创业的总影响并不确定。余静文（2015）利用研发投入变量，考察了有稳定研发行为的企业，发现房价高增长的杠杆效应挤出了投资风险高、回报周期长的研发投资，是中国企业陷入了“低技术锁定”陷阱的重要原因。

学者曾经讨论过一类对房屋市场管制造成的扭曲现象。由于市场管制催生了相对分割的两个市场，一定比重的人群可以低于市场价值购买房屋。政府旨在向特定人群提供住房的干预政策带来经济上的非效率。这些人群在决定住所迁移和就业时面临激励扭曲。Wang（2013）考察了1994年房屋改革对国有企业职工职业选择和收入的影响，由于房屋类补贴和公有制度阻碍职业流动和私人财富积累，而出售国有房屋，一方面使人民可以资本化房屋价值而克服融资约束，另一方面使房屋分配与就业分离而促进职业流动，从而提高了私人开放企业的数量和总体生产率。

第三节 土地资源配置与企业空间转移

企业空间转移（布局）是地理经济学的中心问题。研究者从不同角度试图阐述产业集聚的“外部效应”对经济发展的实际影响。理论上说，两类集聚效应都可能存在，即行业内空间集聚产生所谓“马歇尔外部性”和跨行业空间集聚产生“雅各布外部性”。范剑勇等

(2014）从技术外部性角度，发现专业化经济促进增长，而多样化经济对促成增长的前沿技术进步产生了正面推动。孙浦阳等（2013）发现，产业集聚带来的拥塞效应和集聚效应在不同时期作用不同，工业集聚长期对劳动生产率有促进作用，而服务业长期没有显著影响。盛丹和王永进（2013）发现了产业集聚长期信贷资源配置效应。

克鲁格曼（Krugman，1991）基于规模报酬递增的假定，从资金、信息和技术等方面的外部性角度寻找经济地理集聚的内生动力，他认为，当包含后向和前向关联的集聚与市场拥挤所产生的分散力量平衡时，空间均衡表现为极端集聚和极端分散之间某种程度的集聚。在梅利茨（Melitz，2003）引入企业异质性后，所谓的“新”新地理经济学研究从地区间的宏观角度解释产业集聚转向从企业或个体微观决策角度。鲍德温（Baldwin，2006）和奥塔维亚诺（Ottaviano，2011）发现，高生产率企业由于边际成本低，更少受到市场扩大而加剧本地竞争所造成的伤害，所以，生产率高的企业会首先向大市场转移，低生产率企业因离开集聚区域的机会成本最低而容易受引资政策吸引。赫尔普曼（Helpman，1998）将土地要素引入新经济地理学模型，并证明当给定运输成本在一定范围内时，存在消费者的效用水平的一个均衡。在此均衡下，留在大型城市的消费者享受差异化产品并忍受高房价，中小城市的消费者享受低房价并只能接受差异化程度较低的产品。

研究经济集聚所设定一般均衡分析框架，往往假定制度因素缺失或者视其为外生变量，这大大限制了这一框架分析中国问题的能力。在中国，官员晋升与地方经济发展绩效挂钩，他们大力发展地方经济以获取政治晋升机会，形成晋升激励下的“政治锦标赛”（周黎安，2007）。近年来的研究试图将政府行为内生化。Brülhart 等（2012）分析了地方政府对经济集聚的政策，发现具有高度的流动性资本为了享受经济集聚所产生的规模经济，会接受地方政府征收较高的税收，即政府可以对集聚经济形成的集聚租征税。德弗罗等（Devereux et al.，2007）发现，补贴在吸引企业向特定区域转移方面作用微小：在那些同类企业集聚较差的地区，企业对政府补贴并不敏感；而在经济集聚地区，即便缺少补贴也会吸引企业迁移。Jofre – Monseny 等

(2014）对西班牙2772个市镇销售税率的研究支持经济集聚对税率有正向影响的结论。钱学锋等（2012）对中国的研究却提供了相反的证据，他们发现，中国的地方政府并没有向集聚租征税，即经济集聚产生集聚租来引导地方政府实现税收良性竞争的机制并不存在。

范剑勇和邵挺（2011）讨论了房价水平过快上涨促进差异化产品扩散的内在机制，对1998—2007年中国地级及以上城市数据的计量分析发现，克鲁格曼—赫尔普曼模型中的“非黑洞”条件导致中国城市体系出现扁平化趋势。胡安俊和孙久文（2014）利用中国地市三位数制造业2003年和2009年的数据，检验了中国制造业空间转移的机制、次序与模式。研究发现，无论是转移产业数量和产业类型，制造业都大规模地由东部地区向中西部地区转移。其中，替代弹性高的产业先于替代弹性低的产业实现转移；替代弹性低的产业，如医疗仪器设备及器械制造和通信设备制造等，实现了由东部地区向成渝经济区、长株潭城市群、中原经济区等中西部相对发达地区“等级扩散”；而高替代弹性高的产业，如纺织服装制造和塑料丝、绳及编织品制造等，则以“扩展扩散”的模式实现了转移。

高波等（2012）将房价因素引入新经济地理模型，讨论了区域房价差异导致劳动力流动，从而诱发产业转移的机制，发现城市间的相对房价升高会导致相对就业人数减少和产业价值链向高端攀升，从而促进了产业升级。陈秀山和徐瑛（2008）发现，1996—2005年，中国制造业无论是整体还是各类子行业聚集特征仍然在强化，少数子行业，如化学纤维制造业和医药制造业，开始出现了以相对发达地区内部成员之间为特征的扩散过程。

杨扬、徐现祥和舒元（2009）研究发现，产业空间转移是引发广东省城市间人均GDP差距在2005年不断缩小的主要原因。工业中大部分行业从珠三角城市转向周边城市，高污染和高耗能行业及资本密集度较低的传统制造行业转移幅度最大，而高新技术及低污染重工业转移程度较低。产业转移一方面为落后地区发展提供了新机遇，另一方面也拓展了新的发展空间，有利于珠三角城市的产业分工优化和产业升级。

国外当前重点分析空间均衡框架下，某地区某部门的生产率变动对本地区及其他地区的一般均衡效应。空间均衡模型最早可追溯到亨德森（Henderson，1974），最近几年重新成为研究热点，主要用来讨论地区经济的均衡对宏观经济和产业经济的影响。这类空间均衡模型多设定劳动力自由流动、异质性的企业和城市规模。Caliendo 等（2014）定量评估了地区基本生产率变化对美国经济总体 TFP、GDP 以及社会福利的影响。Mian 和 Sufi（2014）通过地区均衡模型刻画了劳动力市场对非贸易部门冲击的反应机制，发现如果一个县的房产净值下降越多，其非贸易产业和就业下降幅度就越大，但可贸易产业产值和就业与房产净值没有关系。贝伦斯等（Behrens et al.，2010）讨论了不可贸易中间品条件下企业在空间上根据自身比较优势分类所形成的均衡。

空间均衡模型的另一类文献讨论了劳动力流动所形成的搜寻均衡。雷丁（Redding，2012）认为，劳动力自由流动增加了社会福利。戴维斯和丁格尔（Davis and Dingel，2012，2014）等一系列研究讨论了技能水平差异的工人如何根据自身能力形成搜寻均衡，为讨论工资不平等和技能工人的空间分布提供了新视角。戈伯特（Gaubert，2014）认为，企业会寻找政策较好的地区，因而会在空间上搜寻并影响地方市场上的劳动力需求。

罗西－汉斯伯格等（Rossi－Hansberg et al.，2008）研究了异质性个体倾向于居住在邻近富人的区域，即消费的外部性促使个体搜寻。Guerrieri 等（2013）建立了理论模型，说明了城市房产紧缩期，富人邻近区域价格最先下跌；而城市房产繁荣期，这一区域价格最先上升这一非对称现象。

第四节　产业转型升级

当前，相关研究都没有直接讨论土地资源配置与产业转型升级的关系，只是从产业宏观发展角度，讨论了不同产业部门在不同发展阶段的关系。发达国家自工业革命以来的发展呈现典型的库兹涅茨（Kuznets）事实特征，即劳动力不断地从农业部门向工业和服务业部门转移，农业产值占比不断减少与工业和服务业部门的产值占比不断增加并存（Kuznets，1973；Echevarria，1997；Kongsamut，2001；Lucas，2004）。根据对发达国家产业结构的研究，美国等国家第三产业的比重要远高于第二产业，其 2008 年第三产业的产值占比高达 77.5%；英国和法国这一比重也在 75% 以上。

基于对库兹涅茨事实特征的认识，学者从不同角度深入探讨了产业结构的演进规律。林毅夫和陈斌开（2013）认为，政府重工业优先发展战略和由此衍生的一整套政府干预政策是中国产业结构和国民收入分配结构变化的重要原因，旨在鼓励资本密集型工业部门发展的各种政府政策能够解释中国资本收入增长快于劳动收入这一现象。Acemoglu 和 Zilibotti（2001）指出，熟练劳动力和非熟练劳动力的比重这一禀赋结构决定了经济中的适宜技术，如果低收入国家禀赋结构与技术不匹配，那么这些国家的劳动生产率会明显低于高收入国家。Lin 和 Zhang（2007）认为，资本劳动比是发展中国家更重要的约束条件，各种投入品（如资本和劳动）的丰裕程度所导致的要素价格差异决定了企业家最优技术选择。

土地等生产要素配置会影响产业转型升级进程。张军等（2009）研究发现，2000 年之后，要素市场发展无法有效地配置重要资源，以高能耗、高污染为特征的重化工业化带来长期的不利影响。无论是劳动力价格还是土地或环境的“倒逼”，其结果都是促进生产要素在部门之间的重新分配，特别会导致资源由附加值较低的第二产业向附加值相对较高的第三产业转移，形成第三产业的产出和规模较快增长。高玲玲（2015）也发现，商品房销售价格的上涨，降低工业增加值占 GDP 比重。董直庆等（2014）构建了两部门内生经济增长模型，并利用经济数据数值模拟了清洁和非清洁技术进步对城市用地规模与环境质量的影响，发现当城市和农村的用地需求由技术进步内生决定时，清洁技术会改变土地的使用类型和用地规模进而影响环境质量。若保持原有技术进步率和清洁技术强度，环境质量会“挤出”城市用地规模和经济发展速度。只有转变技术进步方向，提高清洁技术强度，才有可能实现环境质量和经济增长共生发展。

关于三个部门的产业结构变迁。陈体标等（2007，2008）强调替代弹性对于产业结构变迁的影响。戈林等（Gollin et al.，2002）以及陈晓光和龚六堂（2005）等则强调恩格尔法则的作用，认为生产高收入弹性产品的部门会因收入增长而实现规模的快速扩张。徐朝阳（2010）认为，技术进步速度和资本密集程度决定了产出增长速度，而产出增长速度决定了部门之间的生产要素配置。在产品互相替代的条件下，工业部门既能够吸引农业部门的生产要素流入，又实现了向第三产业部门的生产要素流出，从而能够解释工业部门先上升后下降的倒“U”形结构变迁过程。徐朝阳和林毅夫（2010）进一步指出，政府偏离要素禀赋结构将导致资源配置的扭曲和经济发展的低效，所以，经济发展的核心问题是着力于要素禀赋结构升级。

许多学者还从三次产业的关系出发，考察了产业结构改革和要素重置对增长与生产率的影响，这些讨论产业结构对经济增长的作用的研究关注产业结构转型所带来的“红利”释放（Fan et al.，2003；Bhaumik and Estrin，2007；Gong and Lin，2008）。萨克斯（Sachs，1994）对比中国和俄罗斯的发展过程，发现中国落后产业结构的迅速转型是中国经济高速增长的核心驱动力。但也有研究发现，“结构红利”随着改革的推进而逐步减弱（刘伟，2008；干春晖，2009）。张军（2009）等进一步考察了中国工业内部的结构改革及其结构调整如何影响中国工业增长。干春晖（2011）等则将产业结构变迁分为产业结构合理化和产业结构高级化两个方面，发现产业结构合理化和高级化主要影响周期性经济波动。

第五节　土地财政形成机制及影响

一　分税制改革与土地财政

由于各个地市为经济增长而展开激烈的区域竞争，引致了诸如产能过剩、资源浪费等一系列问题，在此背景下，土地供给也成为地方政府展开竞争的重要手段（周黎安，2007；陶然等，2009）。中国城乡二元土地结构决定了地方政府在很大程度上垄断土地。一方面，地方政府会压低工业用地价格来吸引投资；另一方面，也需要大力推进基础设施投资来改善投资环境。在一定时期内，地方政府进行基础设施建设所需要的资金可以向银行融资，但这些融资要求土地抵押和财政担保，最终只能依靠高价出让商住用地来保障。范剑勇和莫家伟（2014）发现地方债务对地区工业产出的增长发挥杠杆作用的两个重要渠道：通过工业土地市场和基础设施建设两方面增强地区间的引资力度。由地方债务推动的工业增长可持续很差。对禀赋较差地区，地方举债吸引工业投资和人口注入的能力较弱，城市商住用地价值上升速度太慢造成偿付历史债务困难；对于禀赋较好的地区，土地资源过度配置到工业部门导致商住用地紧缺，继而产生商住地价和房价快速上涨等民生问题。另外，地方政府还通过融资平台公司以土地抵押方式从银行融资，形成所谓的“土地银行”，截至2014年年底，全国84个重点城市通过抵押贷款总额达到9.51亿元。

1994年分税制改革后形成的财政集权是土地财政的制度性基础。1994年分税制改革正式拉开序幕，把原有消费税的全部、增值税的75%一律归为中央财政收入，2002年以后又把所得税改为中央与地方共享。分税制改革的直接结果就是中央与地方财政收入的初次分配比重急剧变化，使地方财政收入占全国总财政收入比重由1993年的78%迅速下降到1994年的44.3%。

此外，由于财权和事权的这种体制设定而造成的严重不对称，各级地方政府纷纷依靠预算外收入来寻求财政来源的激励也起到了推波助澜的作用。地方政府由于承担的大量支出压力而最大化其财政收入。由于面临资本要素流动、制造业和服务业的产业关联及其地方政府对土地市场的垄断等约束条件，地方政府的竞争策略是利用横向竞争资本来大力发展制造业。由于制造业通过产业关联可以产生对于商业和房地产等服务业的溢出效应，这些产业的发展和土地市场的垄断使高地价成为可能，所以，制造业的快速发展对于地方政府可谓一举两得，不仅带来增值税和企业所得税等直接收益，还带来营业税和土地出让收入等间接收益。由此，可以解释地方政府为什么热衷于发展制造业和制造业通过“溢出效应”来带动土地出让金的增长机制（Su et al.，2012；张军，2012；Zhang，2012）。

土地财政增长的竞争发生于中国改革不同阶段地区竞争模式的背景之下。20 世纪 90 年代中期之前，地区竞争的主要手段是向本地政府所有的国有和乡镇企业提供各种形式的支持乃至推行地方保护主义；1994 年分税制改革后则出现了明显为了吸引外来私营企业投资而进行的“竞次”式地区竞争，低价出让土地是重要的竞争策略（陶然等，2009）。在地方政府实行“断奶”以后，“压力型体制”就成为地方政府争相依赖土地财政的一大推手。在以 GDP 和财政收入为绩效考核指标、地方政府依赖于上级转移支付的体制下，地方政府往往通过其他途径来筹集资金以完成上级安排的各种政策性任务，包括经济发展与财政上缴任务，因此，协议土地出让，投入新建开发区并吸引内外资变得相当重要，结果是纷纷建立新城区、城市开发区和各类工业发展园区，加大土地征用和供给规模，地方政府往往竞相杀价，“血本”出让土地（陶然等，2007）。

保持财政收支平衡是土地财政的一个重要动因。Han 和 Kung（2012）考察了财政收入对于商住土地出让面积和出让收入的影响，在利用 SIV（Simulated Instrumental Variable）方法控制内生性后，发现如果地方政府留存的财政收入下降 1%，那么当地商住土地出让面积提高大约 3%，而商住土地出让收入会升高 5% 左右。雷潇雨和龚六堂（2015）验证了低价出让工业用地、高价出让商住用地的最优土地出让策略，工业用地出让面积增加确实能够吸引投资和税收增长，但协议出让工业用地来所吸引来的投资质量较差。低价出让土地和土地财政的确对工业化和城镇化产生了积极影响，但这一策略的效果在逐渐减弱。何怡瑶和潘士远（2015）研究发现，土地供应量与投资、产出的波动具有明显的逆周期特征，而土地抵押贷款则呈现顺周期特征，进而提出把土地政策作为中国特色的宏观调控手段。

二　土地财政的影响

土地财政将地方政府和官员的政绩与土地财政收入和支出关联在一起，形成地方政府和官员行为的激励扭曲，对经济运行产生一定的影响。左翔和殷醒民（2014）指出，由于缺乏房产税等制度，地方政府无法从城市存量土地和房屋价值上升中获得收益，地方政府偏好投资周期短，并能迅速反映到增量土地出让价格的公共投入。基于城市层面数据的实证研究表明，经济性公共品供给而不是非经济性公共品增长能够显著提升国有土地招、拍、挂价格。张莉等（2010）分析了地方官员合谋对土地违法的影响。由于财政分权和政绩观下地方官员缺乏强制手段和单独激励保证集体行动，地方政府往往采取以政企合谋偏离中央土地政策这一理性反应方式。当地方政府官员合谋参与土地违法使涉案的土地面积和耕地面积都大幅增加，而查出案件数量则有所下降。

地方政府融资平台运作也与土地财政联系较为密切。为了缓解地方公共基础设施建设的资金压力和实现公共项目信贷融资功能，地方政府设立了相当数量的融资平台。这些融资平台的资本一部分来自地方财政拨款，土地资产是满足银行授信标准的重要资本来源。迫于经济下行的经济压力，2015 年 5 月，财政部、人民银行与银监会又联合下发了《关于妥善解决地方政府融资平台公司在建项目后续融资问题的意见》，强调要支持地方政府融资平台的在建项目的建设资金，说明为促进经济的稳步增长，中央政府放松了对地方政府融资平台运作的资金约束。弋代春和樊纲等（2015）考察了地方政府融资平台参与一级土地市场的土地交易行为，发现地方政府对土地出让金依赖度、固定资产投入和地方预算内财政缺口会提高地方政府融资平台参与土地市场购地的可能性。

三　土地财政持续性问题

针对土地财政问题，国家相继出台了一些政策来防范其对经济发展和转型升级的负面影响。自 2010 年以来，国家发布了多个与治理土地财政密切相关的政策，如《国土资源“十二五”规划纲要》要求全国耕地保有量为 18.18 亿亩；《关于坚决遏制部分城市房价过快上涨的通知》等系列房地产调控政策。许多专家和学者对土地财政的持续性方面也做了大量的研究，王玉波和唐莹（2013）以土地出让金与土地、房产税收计算1999—2010年全国31个省（市、区）土地财政收入总规模，同时考虑各省（市、区）年均土地财政收入规模占地方财政总收入的比重（贡献率）的前提下，对中国土地财政地域性差异进行研究，其研究发现，对土地资源的开发利用与经济社会发展起到了显著推动作用；越是经济较为发达的、土地财政收入总规模大的省（市、区），地方财政总收入对于土地财政收入的依赖程度越高。

第六节　土地资源配置扭曲

一　土地资源配置扭曲的原因

现代经济学原理告诉我们，在市场经济自发调整的机制下，完全竞争的市场结构是帕累托最优的，要素会从投资回报率低的部门流向投资回报率高的部门，最终达到各部门边际产品价值趋同。经济学家都基于这一微观原理得到资源有效配置的判断标准：只有当狭义口径行业内的所有企业的边际收益产品相等时，才能说明该行业实现了资源的有效配置；而当行业内不同企业的所需要素投入的边际收益产品呈现出横截面差异时，那么该行业就存在着资源配置扭曲。

真实原因与现有经济学所假设带来帕累托最优的资源配置结构有关。经济学理论认为，只有在完全竞争市场结构下，才能实现所有企业的边际收益产品相等，进而实现资源的有效配置，但有关完全竞争市场结构的假设条件在现实中又是很难成立的，许多专家和学者把这种由经济运行过程中不可避免的现实因素导致的配置扭曲称为真实因素导致的扭曲。

经济运行中产生的摩擦可能会导致资源配置扭曲，进而形成生产率差异和经济增长绩效差异。反之，由土地市场不完全和政府干预形成的企业或部门的土地边际生产率差异，也可以通过土地资源重新配置来达到增加总产出和生产率的目的（蔡继明、程世勇，2010）。近几年来，越来越多的学者意识到，经济发展的问题不再单单是土地、资本、劳动力等生产要素匮乏的问题，更重要的是这些生产要素的有效利用问题。琼斯（Jones，2011）认为，对于资源的有效配置历来都是经济学家关心的基本问题，也始终是经济学和经济发展的前沿议题，随着中国经济的迅速崛起，很多专家开始关注于中国经济迅速发展的原因。

土地资源配置扭曲有其形成的制度性原因。在中国经济市场化程度深化过程，中央政府集中财权并通过转移支付激励（或惩罚）地方政府来实现对地方的有效政治控制。在政策执行成本不能充分观测的情况下，为了避免转移支付可能造成实际政策成本高企而造成难以为继的局面，中央财政集权后默许地方政府一定非正式税收自主权的存在，形成以土地出让金等预算外财政收入膨胀的制度基础（陶然等，2007）。

一部分专家学者从政府干预和市场失灵视角来探讨土地资源扭曲问题。政府主导的土地配置体制可拉动投资，减少外部性问题，促进经济增长，但却带来利用效率低下和经济结构失衡等问题（谭荣，2010）。世界银行专家伯特兰（Bertrand）和诺贝尔经济学奖得主科斯也坦言，现行的中国土地产权制度存在缺陷，它阻碍了许多潜在有效率的交易，也阻碍了土地生产力和价值变得更大的可能，中国土地要素市场扭曲是导致土地资源错配的重要因素。而政府的行业垄断、政策的过度扩张以及产权制度的缺陷都不同程度地影响了土地资源合理有效地配置（黄忠华，2012；S. Kimura，2011）。

还有一部分学者从现行财政分权体制和地方政府行为视角来探讨土地资源错配问题。认为财政分权和 GDP 锦标赛制导致地方政府扭曲土地要素配置，如低价土地引资竞争带来土地的低效利用和经济的粗放增长（陶然等，2009）。张俊远和王瑞芳（2013）等指出，为了发展经济，增加财政收入，地方政府会采取“拉低工业地价，抬高商住地价”的差别化地价政策，使土地总量供给过度以及工业和商业用地结构失调。中央政府的土地政策也是地方政府土地出让扭曲的重要原因之一。1994 年分税制“基数补助加增量分成”的收入分享机制设置造成增值税在地方收入中的地位下降。中央政府推行的强制招、拍、挂和工业用地出让低价以及土地出让金收支基金预算管理等制度，限制了地方政府土地出让的合约自由，使地方政府直接通过土地出让金获取当期财政租金价值的倾向增强。

国外学者探讨土地资源扭曲多集中探讨一般资源扭曲的根源，有些学者认为是市场自身的问题，要素市场和金融市场的不完善阻碍了资源从低效部门向高效部门流动（Brandt，2013），从而使不同企业或部门的资金成本不一致，也使资本的边际产出存在差异，并阻碍资源向高效利用方式转变（Shenoy，2012）。也有些学者认为，政府的政策偏向（集中在税收差异或者补贴上）和产权方面的阻碍，都将扭曲生产和投资激励，并阻碍资源有效地配置和交易（Restuccia and Rogerson，2013；Otsuka，2007）。

二　土地资源配置扭曲的影响

根据布兰特（Brandt，2013）的研究，中国经济增长的奇迹主要源于降低了资源错配，从而提高了要素配置效率。中国经济在过去近40年的高速增长期间，尤其是近十年，土地资源为中国经济增长提供了基本保障。但我们也应该清楚地认识到，中国土地资源仍然以高投入和低效率为重要特征，土地资源扭曲和带来的资源浪费已经成为较为严重的问题，这些土地资源配置扭曲主要体现在以下几个方面：

第一，从人均占有量来看，虽然中国土地资源总量居世界第三位，但是，人均占有量与世界平均水平相比仅是后者的1/3，而且总体利用效率不高。根据官方数据公布数据，2000—2012年，全国城市建成区面积扩张了1倍，而同一时期其承载的城镇人口仅仅增加了55%，两者完全不成比例说明单位建成区面积承载人口下降；农村人口迁出意味着农村建设用地不需要增长也能维持人均建设用地面积不下降，而同期农村建设用地面积也有所增长。两者综合起来表明土地资源利用在相当大的程度上存在的浪费现象。

第二，从结构上看，工业、住宅和商业三类用地结构不尽合理，其中，工业用地占比过高，而单位面积土地的工业产值与发达国家相比严重偏低。

第三，从使用土地的主体看，不同类型产业或同一产业不同企业之间存在突出的用地矛盾。长期以来，低价出让工业用地政策导致价格机制失效和土地粗放型开发，大多数工业用地初始配置效率并不高。

此外，初始配置效率高的企业也可能随经济环境改变而效率下滑，而再配置渠道不畅通又阻碍了土地资源由低土地效率企业向高土地效率企业转移。

第四，从时间上看，土地配置的动态效率也不理想。工业用地出让后面临管理方面的困难，部分企业可先以较低价格购入土地，然后向后来的企业出售土地而获利，这一策略使后发企业土地成本不断攀升，非常不利于土地要素的重新配置和企业的转型升级。

第五，从空间布局上看，不同地区土地利用效率存在严重不平衡。东部地区建设用地单位产出大却缺乏用地指标，部分中西部地区建设用地单位产出并不高而不受用地指标约束。由此可见，土地利用指标空间配置与和生产效率分布相互脱离（曲福田等，2005）。

张军等（2009）研究发现，2000 年以后要素市场发展无法有效地配置土地等重要资源，以高能耗、高污染为特征的重化工工业化对经济社会发展带来长期的负面影响。杨其静（2014）等研究发现了地方之间竞相降低引资质量的底线竞争，由于地理相邻和省（市、区）内经济相邻的城市相互模仿工业用地出让政策，以协议方式吸引来的投资往往是缺乏市场竞争力的低质量项目。赵文哲和杨继东（2015）考察了国有企业在地方政府为弥补财政缺口而增加出让土地中的作用。由于国有企业与政府间政治关系相对比较密切，经济萧条时，地方政府和国有企业可能会利用合作互利机制来扩张经济：地方政府会以较低的价格向国有企业出让土地，从互利角度来讲，国有企业能够获得更多价格低廉的土地作为投入，增加投资从而为地方政府提供更多的税源。

第七节　文献评述

房地产行业发展使土地用途多样化和土地价值上涨，因而研究土地资源配置往往与房价联系在一起。已有研究从宏观经济周期出发，研究了房地产投机性泡沫与生产性投资的关系对经济增长的影响。基于中国房价的一类文献讨论了基本面因素对房价的影响，包括需求驱动和人口结构演进以及价格变化的滞后效应与空间扩散效应，公共服务资本化也会提升房价；城市基础设施投资、房价和土地收入三者间存在互动关系，商住用地价格上涨提高了地方土地出让收入，为基础设施投资提供了更为强大的融资支持。另外一类文献则讨论了房价泡沫如何形成，采用“追涨杀跌”策略的噪声交易者导致非理性房地产泡沫；基于住宅报酬率时变性和住宅报酬率风险溢价因子的住宅基本价值模型研究发现，2009 年降率免税和“四万亿”经济刺激政策等的刺激造成 4 个直辖市住宅价格出现明显的泡沫。这些研究发现形成本书理解土地资源配置经济效应的基础。

关于土地资源配置与制造业发展的研究。某个部门（房地产）产生泡沫会挤出制造业的资本投入，引发制造业的“荷兰病”。这一命题理论上和实证上都得到证实。房地产升值提高了企业抵押担保资产的价值，从而影响企业借贷和投资，形成了对宏观经济的金融加速器效应。房地产价格上涨引发制造业规模和效率“空心化”，进而对全要素生产率带来负面影响，是经济结构扭曲和贫富差距进一步恶化的重要原因。现有研究大多集中于地区或行业层面，本书利用制造业上市公司生产性子公司投资数据，从企业层面提供了制造业公司投资房地产的产业“空心化”证据，拓展了已有研究。

关于企业空间转移（布局）的研究。在梅利茨（2003）引入企业异质性后，所谓的“新”新地理经济学研究从企业或个体微观决策角度入手解释产业集聚。国内学者利用这一框架，讨论了产业集聚带来的拥塞效应和集聚效应对不同产业的意义。此外，部分学者还讨论了房价上涨促进差异化产品扩散、劳动力流动和制造业空间转移问题。这些研究要么集中于某些地区（如长三角），要么从省际角度出发。本书基于“新”新经济地理异质性企业的理论框架，利用上市公司生产性子公司投资数据，考察了制造业上市公司经济效率和生产性子公司加权工业用地价格的关系，为现有研究提供了微观企业层面的证据。

关于产业转型升级的研究。当前相关研究都没有直接讨论土地资源配置与产业转型升级的关系，只是从产业宏观发展角度，讨论了不同产业部门在不同发展阶段的关系。替代弹性和收入弹性以及技术进步速度和资本密集程度等决定了部门规模的扩张速度，能够解释工业部门先上升后下降的倒“U”形结构变迁过程。政府重工业优先发展战略和由此衍生的一整套政府干预政策是中国产业结构和国民收入分配结构变化的重要原因，而各种投入品（如资本和劳动）的丰裕程度所导致的要素价格差异决定了企业家最优技术选择。产业结构改革和要素重置则促进了经济增长和生产率提高。这些研究忽略了土地价格和配置方式在促进生产要素在部门之间重新分配的作用。从土地作为一类重要生产要素的角度出发，本书讨论土地等各类成本上升是否对产业转型升级形成“倒逼”机制。

关于土地财政的研究。1994 年分税制改革后形成的财政集权是土地财政的制度性基础。由于财权和事权的这种体制设定而造成的严重不对称，各级地方政府纷纷依靠预算外收入来寻求财政来源，保持财政收支平衡是土地财政的一个重要动因。在“压力型体制”下，土地供给也成为地方政府展开竞争的重要手段，采用低价出让工业用地、高价出让商住用地的土地出让策略。另外，地方政府还建立融资平台以土地抵押方式融资。现有文献没有讨论住宅、商业和工业用地在土地财政机制中发挥的不同作用，以及土地财政对地方税收负担的效应。本书从这两方面入手，拓展了关于土地财政形成机制和影响的认识。

关于空间均衡模型的研究。据笔者所知，国内尚缺乏这方面的研究。国外研究重点分析空间均衡框架下，某地区某部门的生产率变动对本地区及其他地区的一般均衡效应。这类空间均衡模型多设定劳动力自由流动、异质性的企业和城市规模，评估地区基本生产率变化对美国经济总体 TFP、GDP 以及社会福利的影响。空间均衡模型的另外一类文献讨论了劳动力流动所形成的搜寻均衡。前面章节已经在约简模型框架下讨论了房地产繁荣和土地资源配置对微观企业投资与空间布局、区域经济转型升级和各类土地出让对土地财政的贡献以及土地财政对税收负担的影响。本书借鉴 Caliendo 等（2014）的思想，建立中国地区和产业结构模型，在一般均衡框架下，考察一个地区土地价格的变动对资源配置和产出的影响。这个模型引入多个部门建立投入产出之间的联结，并将投入划分劳动力和土地两类要素，土地仅可在部门间转移，而劳动力可在地区和部门间转移，深化了对约简模型框架下一系列研究的认识。同时，将这一结构模型引入这一研究领域，对后来的研究也有一定的理论借鉴意义。

第三章　土地资源配置演变与房地产行业发展

自新中国成立以来，中国的土地资源配置方式进行了一系列调整，特别是 1997 年以后，与土地资源配置相关联的房地产行业实施了大幅度的市场化改革。本章回顾中国土地资源配置方式的演变，并介绍房地产业改革、调控以及行业发展情况，然后讨论 2007 年以后的土地出让情况以及各类土地出让对房屋价格的贡献程度，作为后文研究的背景。

第一节　中国的土地资源配置

一　土地资源配置制度变迁

根据各国实践，行政配置和市场配置是可以选择的两种土地资源配置方式。土地资源的行政配置方式是以苏联为代表的社会主义国家的土地制度，即土地归国家或集体所有而排斥私人拥有；由国家统一分配使用土地，严格禁止私自转让或买卖土地。市场配置以市场价格为导向来协调供求关系，如政府、企业和个人等各类型用地主体依靠市场化方式取得土地资源，市场价格变化和由此产生的成本及收益情况影响到用地主体使用土地的位置和面积。

市场配置方式还可以细分为完全市场配置和国家调控下的市场配置。完全市场配置下的土地主要归私人拥有，土地按市场供求关系决定的价格在地产市场上自由转让。目前，以美国和日本为首的发达国家大多数采取了完全市场配置方式。在国家调控下的市场配置制度下，国家享有土地的所有权，从而总体上控制着土地一级市场，以土地批租的形式将土地占有权和使用权转让给私人。英国及英联邦成员国家或地区采用了这一类土地管理制度。当前世界各国的实践表明，各国通常是某种方式为主，辅助以其他方式，而很少单独采用行政方式或市场方式配置土地资源。

从表3－1可以看出，中国的土地资源分配与体制改革紧密相连。在改革初期以及革命的胜利成果刚刚稳定的时期，土地作为一种政治要素分配给社会各个政体，随着新中国的成立，土地又作为国有资产的形式出现在历史的舞台，一直持续到1979年联产承包责任制的出现，土地的市场化效应才逐渐显现出来。而伴随着城镇化的不断推进，土地作为稀缺资源，在整个工业化进程中的作用日渐突出，俨然成为经济发展不可或缺的投资要素，因此，政府在转变管理职能的过

表3－1　　　　中国土地资源配置的历史演变

时间	时期	法令法规	土地制度内容
1950年6月28日	中央人民政府委员会第八次会议	《中华人民共和国土地改革法》	废除地主阶级封建剥削的土地所有制，实行农民的土地所有制，借以解放农村生产力，发展农业生产，为新中国的工业化开辟道路
1953—1956年		中共中央颁发了一系列的决议	农业社会主义改造在经历了互助组、初级社、高级社三阶段后基本完成，全国加入合作社的农户达96.3%。自此，中国建立起了社会主义性质的土地制度
1958—1978年		“三级所有，队为基础”	土地改革的目的被宣传为加强发挥集体生产的优越性
1979年		家庭联产承包责任制	实行土地公有，由农户家庭经营的土地改革
2008年	中国共产党十七届三中全会	《中共中央关于推进农村改革发展若干重大问题的决定》	完善土地承包经营权权能，依法保障农民对承包土地的占有、使用、收益等权利

程中，也清楚地认识到，只有适合经济发展的市场方式配置，土地资源才能够真实地反映土地使用的实际成本。用地主体只有根据市场价格水平的高低来选择适合自身的经济、社会和文化活动的区位，才能充分发挥协调各用地主体的利益的有效关系，才能快速高效地达成公平地配置土地资源的目标。在市场经济条件下，土地作为特殊商品，必然趋向市场化，发挥市场配置土地资源的决定性作用也是必然趋势。就中国目前情况而言，运用市场方式配置土地资源是土地资源合理利用和房地产一级市场健康发展的关键，直接关系到市场结构的优化、土地供应总量与需求的平衡、公平竞争的保护等。当前的核心是通过征收土地使用费、土地出让金等土地有偿使用的机制调节土地资源的配置，促进土地资源的节约、集约利用。此外，市场方式配置土地资源能够有效地建立完善的土地价格体系，以市场供求为基准合理确定地价标准。但是，在整个过程中，由于土地资源的配置对宏观经济总量平衡和结构平衡至关重要，因而政府仍然必须积极参与协调，顺应经济发展的规律，制定相应的宏观调控政策，发挥应有的辅助作用。

伴随着土地市场的逐步成熟，政府对土地出让收入管理体制也经历了相应的变化过程，其中最重要的是 2007 年土地出让收入管理制度改革。改革前，地方政府设立预算外专户管理土地出让收入，在扣除征地补偿和拆迁费用以及土地开发支出等成本性支出后，将剩余部分缴入地方国库，纳入地方政府性基金预算管理。改革后，实行“收支两条线”管理制度，即将全部土地出让收入缴入地方国库，纳入地方政府性基金预算，与一般预算分开核算，专款专用。根据相关政策规定，土地出让收入缴入国库后，市县财政部门首先分别按规定比例计提国有土地收益基金和农业土地开发资金，再缴纳新增建设用地的土地有偿使用费，余下的部分统称为国有土地使用权出让金。其中，新增建设用地土地有偿使用费专项用于耕地开发、土地整理、基本农田建设和保护支出，中央和省两级按三七分成。国有土地使用权出让金主要用于补偿征地拆迁、土地开发、城乡基础设施建设和城镇廉租住房保障等支出。

从图 3－1 可以看出，中国对于土地资源的配置市场化越来越明显。2010—2014 年，在土地出让的总面积中，以市场招、拍、挂方式实现的面积占整个出让面积的 80%—90%，说明土地作为市场经济活动主体的参与程度也越来越高了。

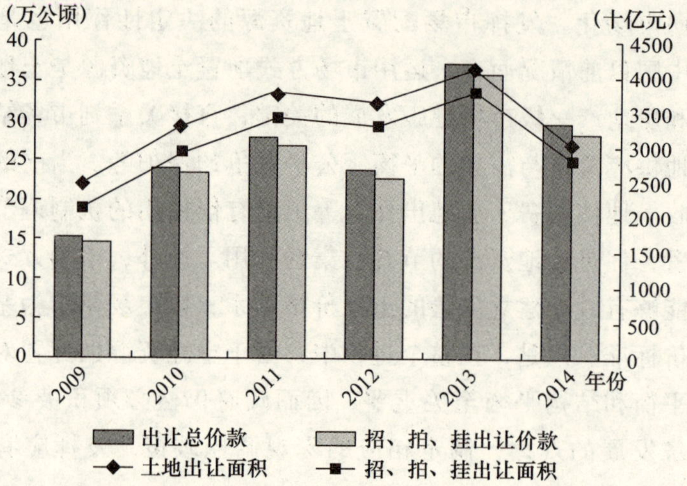

图 3－1　2009—2014 年国有建设用地出让面积和出让价款变化情况

资料来源：引自国土资源部《中国国土资源公报》（2014）。

二　财税体制变化对土地资源配置的影响

改革开放以来，土地开放利用格局与财税和土地管理制度完善息息相关。中央设立了经济增长目标，并通过财政上一定程度的分权实现调动地方发展的积极性。所以，地方政府对土地资源的配置方式深受财税体制变革的影响，财税体制塑造了中央和地方政府利益分配的格局，进而引发地方政府的土地资源配置的策略性行为。1987 年确立了国有土地有偿使用制度，土地出让金很快成为地方政府的支柱性财政收入来源，1992 年的房地产热使当年土地收入占财政收入的比重达到 15.07%。

1994 年分税制改革对地方政府产生了多方面的影响。分税制改革削弱了地方政府的财政收入占比，使地方政府财政收入与事权出现了非对称，财政缺口有加大的趋势；地方政府的主体税源调整为所得税，增强了地方政府招商引资的动机；逐步完善国税和地税系统分离的税收征管体系，限制了地方政府税收优惠和财政补贴的空间。

在此背景下，地方政府纷纷将目光转向土地资源。体制上，地方政府可以垄断土地一级市场上的土地出让，因而地方政府能够通过地价调整土地要素投入的比重。为了使用土地优惠政策以实现招商引资的目的，各地以低地价甚至“零地价”出让工业用地，吸引投资到名目各异的开放区或工业园。对于商业、服务业和住宅用地，则尽量采用招、拍、挂等市场化方式出让以获得较高的土地出让金。

2002 年以后，国家的财政和土地制度又进行了较大的调整。2002 年实行的所得税改革使所得税变为共享税种，削弱了地方政府发展当地企业以获得收益的动机；2002 年土地“招、拍、挂制度”规定，商住用地必须采用招、拍、挂方式出让，其后将工业用地出让底价与新增建设用地有偿使用费挂钩，强化规范了对地方政府土地出让行为；2006 年国务院《关于加强土地调控有关问题的通知》明确要求工业用地必须采用招、拍、挂方式出让，这使 2007 年和 2008 年土地协议出让比重降幅较大（赵文哲、杨继东，2015）、地方政府低价协议出让工业用地补贴企业的空间被进一步压缩。2007 年，中央财政对地方土地出让收支的预算管理实行严格的“收支两条线”管理，更加强化了土地出让金收支的基金管理制度。由此，地方政府开始由“经营工业”转向“经营城市”，通过加大基础设施投资力度和营造经商环境来吸引投资。除了土地出让金、土地增值税和建设用地使用费等租金收入，地方政府通常的融资做法是设立城投公司等融资平台，注入储备土地向银行抵押贷款。由此，土地开发逐渐形成了土地出让和土地储备并重的格局。

第二节　房地产行业宏观调控和发展情况

一　房地产业宏观调控

2000年后，房地产行业和汽车产业共同成为经济发展的支柱，由于其对整个经济增长发挥了至关重要的作用，经常被作为调控宏观经济的工具箱中的一员。以下回顾中国房地产宏观调控政策和房地产行业发展情况。房地产业演变和与之相伴的一系列宏观调控措施，大体经历了以下五个阶段：

（一）鼓励扩张政策阶段（1997—2002年）

自1998年下半年开始，国务院决定停止住房实物分配政策，住房分配货币化逐渐成为住房政策的主导方式。以1998年7月国务院公布《关于进一步深化城镇住房制度改革加快住房建设的通知》为标志，房屋由房屋市场上自由定价和转让。由此，中国房地产市场开始发育。伴随着商品房交易的市场化进程推进，普通居民的潜在购房需求逐步释放出来。同时，为进一步配合居民购买房屋，各级政府又出台了一系列鼓励购房的配套措施。影响较大的包括中国人民银行1998年出台的《关于加大住房信贷投入支持住房建设与消费的通知》和《个人住房贷款管理办法》两项重要规定；中国人民银行次年又下发《关于鼓励消费贷款的若干意见》，提高了住房贷款与房价款的比重和个人住房贷款最长期限，并进一步降低了法定利率、公积金贷款利率水平。这些政策极大地促进了房地产市场发展和房地产行业繁荣。这些政策的实施也表明，国家主管部门已经将房地产业放在宏观经济支柱产业的地位。

1998—2002年，中国房地产市场和房地产业总体上发展较为平稳。在各级政府各项扶持和发展政策的刺激下，房地产价格呈现稳中有升的态势。2002年5月，国家实施了国有土地使用权招、拍、挂制度，提高了土地一级出让市场的透明度和效率，土地价格上升也使房屋价格相应地上扬。此外，非市场化房屋分配制度已经逐步退出历史舞台，因此，房地产需求方被高度市场化，促使房地产对全国 GDP 增长的贡献率快速上升。2001 年房地产开发投资对全国 GDP 总量的直接贡献率是 1.3%，2003 年和 2004 年分别上升为 2.5% 和 3%。在国家宏观政策以及各地政府多方的推动下，房地产业迅速成为经济增长的强力引擎。

（二）紧缩调控阶段（2003—2008 年上半年）

自 2002 年下半年开始，部分地区房地产过热形成了一定程度上的金融风险和市场风险。一方面，房地产业发展需要金融融通的体量巨大，使银行等机构的贷款过于集中于房地产业，无法分散金融风险；另一方面，房地产市场运行监控体系尚未完善，房地产行业内无序竞争严重，造成房地产价格上涨势头过猛，房地产业发展的规模和速度与居民可支配收入平均水平和增长速度严重脱节。

因此，只有加强对房地产市场的宏观调控，改善政府监督管理房地产市场的有效性，才能推动房地产市场健康有序发展。从 2002 年下半年开始，中央政府发现房地产过热形成的潜在金融风险，着手出台相关政策控制房地产投资和防范金融风险。8 月，国土资源部、中国人民银行等六部委联合发布了《关于加强房地产市场宏观调控促进房地产市场健康发展的若干意见》；2003 年 6 月，中国人民银行发布了《关于进一步加强房地产信贷业务管理的通知》（121 号文件）。

进入 2004 年后，政府宏观调控政策转向以控制土地和信贷为抓手。不过，这类政策需要地方政府的积极参与才能实现，而地方政府往往将地方财政收入与房地产行业发展绑在一起，缺少积极配合的意愿，结果土地供应量远远少于商品住宅的需要量，由此导致住宅市场上供不应求的局面，拉动全国房价快速上涨。

国务院 2005 年价格工作的重点是控制房地产价格的过快上涨，指出要控制固定资产投资来抑制住宅价格非正常增长，确保房地产市场健康稳定发展，确定了后来房地产政策的基调。中央政府随后发布了“国八条”和“七部委文件”，建立政府负责制，从政治高度要求地方政府加强控制房价。在中央政府的强力政策下，部分地方政府也纷纷出台了相应的房价控制政策。但地方政府出于保护本地企业和经济，使这些政策缺少量化指标造成地方政府的执行情况并不理想，导致房价与调控的政策目标背道而驰，全国平均房屋价格总体上不降反升。

2006年，国务院及其职能部门又出台一系列政策。5月，国务院公布了调控措施更为明确的“国六条”；7月，建设部出台了《关于落实新建住房结构比重要求的若干意见》和《关于规范房地产市场外资准入和管理的意见》；9月，国家外汇管理局联合建设部出台了《关于规范房地产市场外汇管理有关问题的通知》，国务院印发了《关于加强土地调控有关问题的通知》；12月，国务院出台了《关于规范国有土地使用权出让收支管理的通知》。国务院试图以这些密集的房地产调控措施，来保证房地产市场健康和房地产业稳定发展。

针对房地产市场调控失效，国务院在2007年3月增强了新一轮的调控力度，随后陆续出台了《关于房地产开发企业土地增值税清算管理有关问题的通知》《招标拍卖挂牌出让国有建设用地使用权规定》《关于加大闲置土地处置力度的通知》《关于加强商业性房地产信贷管理的通知》《关于进一步加强、规范外商直接投资房地产业审批和监管的通知》等紧缩政策，意在消除宏观经济运行风险以及不稳定因素。2007年年底的中央经济工作会议确定了2008年宏观调控任务是防止经济增长由偏快转为过热和防止价格由结构性上涨演变为明显通货膨胀。

随着国家不断加大宏观调控房地产市场的力度，2007年年末房屋上涨预期消失，消费者对房屋购买持观望态度，住房成交量增长态势出现反转。到2008年上半年，房地产开发企业资金来源总体收缩，加之住房市场上观望气氛浓厚，商品房成交量和房价增长率都出现了一定程度的回落。

（三）促进发展阶段（2008年下半年至2009年上半年）

2008年下半年，伴随着美国次贷危机的蔓延以及加深和全球经济低迷，中国经济的增长也经历了困难期，“保增长”成为中央工作的阶段性重点工作。美国次贷危机自2007年形成后迅速蔓延到全球。针对次贷危机的负面冲击，2008年11月，国务院宣布未来两年内增加中央和地方政府投资及刺激经济的十大措施，稳健的财政政策转向积极的财政政策。2009 年，全面推行消费型增值税来降低企业的税收负担，并扩大财政赤字规模以弥补减收增支形成的财政缺口。与之相应，地方政府也纷纷推行了投资配套计划以争取中央投资。各级政府在此阶段综合使用信贷和税收手段刺激房屋需求来发展房地产行业。

2008 年 11 月，国务院部表示，要促进房地产市场平稳健康发展；12 月，中央经济工作会议进一步明确了 2009 年经济工作要保持经济平稳较快发展，强调了房地产行业支柱产业地位和在扩大内需中的拉动作用。2009 年上半年，房地产行业政策延续刺激政策，政府下调了房地产项目资本金比重，加大保障性“安居工程”的建设力度，放松对房地产企业的融资限制。

在一系列促进房地产行业健康发展的利好政策刺激下，房地产价格于 2009 年 3 月终止了 2008 年 8 月以来房价环比下滑的趋势；6 月，全国 70 个大中城市房屋销售价格同比上涨，全国楼市呈现“普涨”格局，而北京、上海等一线城市房价上涨幅度更大。

（四）再次调控阶段（2009 年下半年至 2013 年）

在房价再次快速大幅上涨的带动下，全国各地自 2009 年 7 月开始出现了价涨量跌的“滞涨”现象。此外，除了一线城市有较大的刚性需求，其他城市的房地产泡沫非常明显。由于担心房价过快上涨所积累的金融风险，银监会 2009 年 6 月出台了《关于进一步加强按揭贷款风险管理的通知》，从而收紧了“二套房贷”政策，随后国务院陆续出台了“新国四条”“新国十条”等措施抑制房价涨幅过大，但这些政策措施并没有能够达到调控房价的效果。国家发改委 2010 年出台了《商品房销售明码标价规定》来规范房地产经纪行为；7 月，国务院要求房价涨幅过大的二、三线城市实现必要的限购政策，要求各地政府坚定不移地搞好房地产调控。2012 年，房地产调控政策稳中趋紧，监管机构要求差别化信贷，支持合理自住需求，并抑制投资投机需求，同时加大保障房建设力度。

2013 年，房地产政策以稳宏观和活微观为重点，不同类别城市的房地产政策出现分化。年初“国五条”及各地细则要求房地产调控要

“有保有压”。针对2013年年初房地产市场不断升温，国务院出台“国五条”和《关于继续做好房地产市场调控工作通知》，释放继续调控房地产的信号，并强化调控政策的连续性。

（五）宽松阶段（2014年至今）

2014年，中国整体宏观经济环境呈现低迷状态，而无论是一线城市还是二、三线城市，房地产销售面积和销售额同比都大幅下滑。政府由行政干预房地产市场转向由市场供需调节，并采取了分类调控措施，抑制热点城市的投资投机需求，并放松对非热点城市的政策调控。中国人民银行和中国银监会9月联合发布了《关于进一步做好住房金融服务工作的通知》，加大金融支持保障房的力度，支持居民合理住房贷款需求和房地产企业的合理融资需求，对贷款和利率下限等房贷政策也进一步减少了约束。随着这些政策的出台，楼市升温较快。2015年，政府调控房地产的政策着重稳定住房消费，坚持分类指导和因地施策原则。

总体上看，中国住房体制改革在很大程度上改善了居民的居住条件，2010年全国城镇居民人均建筑面积达到31.6平方米（《中国统计摘要》，2011年），而根据CHIP数据计算的2007年城镇居民住房自有率也高达88.8%，高于欧美发达国家这一指标（赵西亮等，2014）。

二　房地产业的发展情况

本部分介绍2007年以来房地产发展的总体情况。首先介绍房地产投资情况。图3－2给出了全国2007月1至2015年8月房地产景气指数的走势。自2007年以来，受美国次贷危机的影响，房地产市场有一次大的波动，房地产市场在2009年2月触底反弹，2010年3月恢复到国际金融危机前的水平。但是，2011年后，伴随一系列稳定市场预期和促进房地产市场平稳健康发展的政策出台，自2011年4月开始，国房景气指数出现结构性下滑，表明房地产市场投资进入了一个稳定调整和发展期。

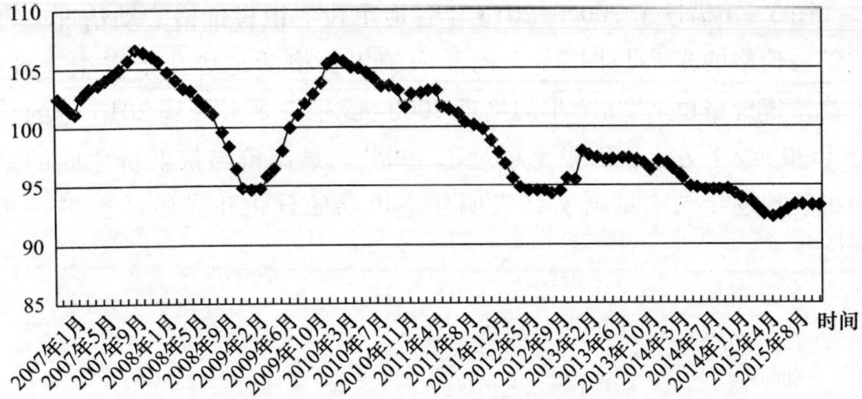

图 3－2　2007 年 1 月至 2015 年 8 月全国房地产景气指数

资料来源：中经网产业数据库。

以下分别介绍各类房屋价格的走势。图 3－3 描述了 2007—2013 年各地市商品房销售价格变动情况。在样本期间，商品房平均销售价格逐年稳步上升，从 2007 年的大约 2000 元/平方米上涨到 2013 年的 4000 元/平方米，涨幅超过了 100%，年平均涨幅约为 15%，远远高于同期人均可支配收入和人均 GDP 的增长水平。另外，各地市住房价格最高价与最低价之间的差距逐年拉大，表明各地市商品房市场有所分化，异质性进一步增强。

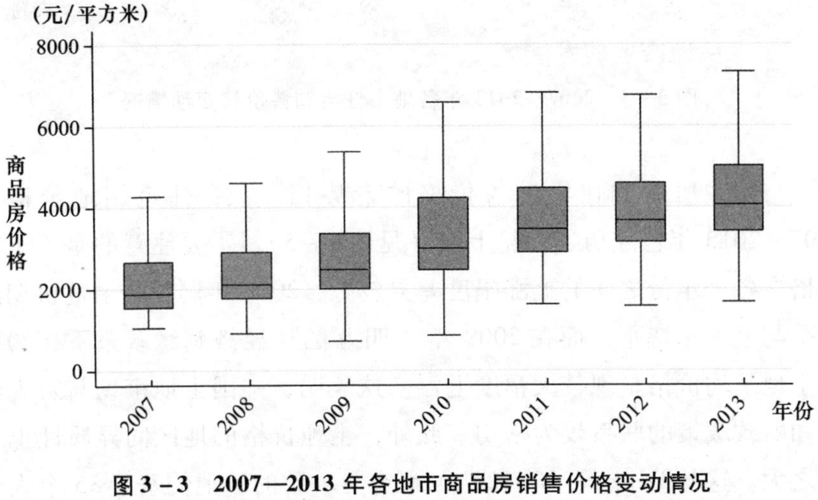

图 3－3　2007—2013 年各地市商品房销售价格变动情况

注：计算时剔除了超过 3 个标准差的数据，下同。

图 3 -4 描述了 2007—2013 年各地市住宅销售价格变动情况。住宅销售价格的走势与图 3 -3 商品房销售价格的走势几乎完全一致，平均销售价格也从 2007 年的接近 2000 元/平方米上涨到 2013 年的接近 4000 元/平方米，涨幅也超过了 100%。最高价与最低价之间的差距也呈现逐年拉大的态势，表明住宅市场的分化和异质性也进一步增强。

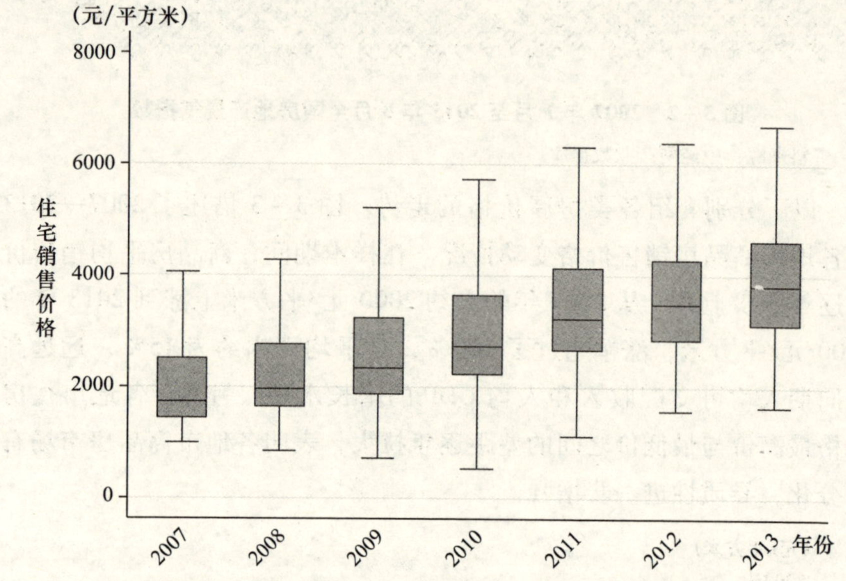

图 3 -4　2007—2013 年各地市住宅销售价格变动情况

与商住房屋和住宅销售价格的走势相一致，住宅用地价格在 2007—2013 年也经历了一轮上涨（见图 3 -5）。需要注意的是，土地价格在各个年份之间的上涨幅度差异较大，2008 年国际金融危机期间几乎与上一年持平，而在 2009 年“四万亿”经济刺激政策下，2010 年土地平均价格呈现较大幅度上浮。这表明，中国土地市场与宏观经济和财政政策的联系较为密切。此外，土地价格的地区间异质性也非常之大。这与 Deng 等（2012）的研究是一致的，他们基于 35 个大中城市的研究发现，2001—2010 年许多城市土地价值普遍都上涨很大，土地价值有很强的均值回归特性，有共同驱动因子和较高的波动性。

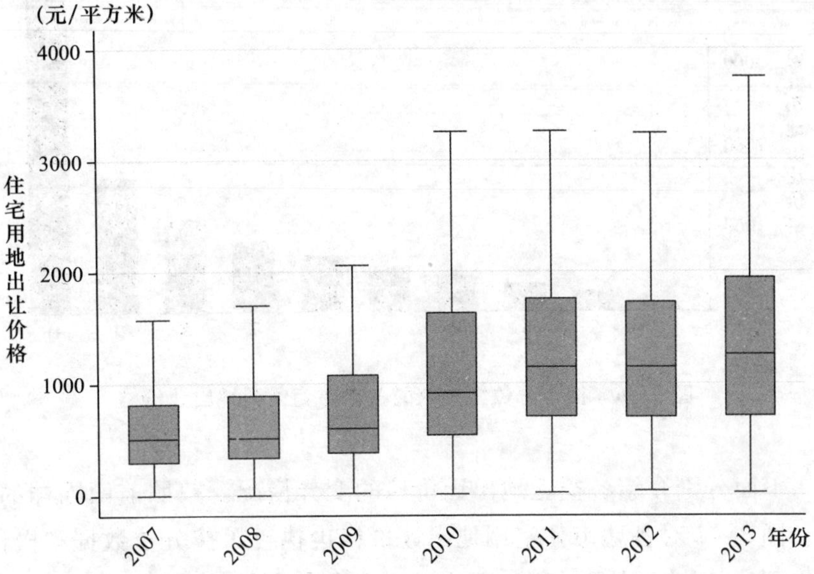

图 3-5　各地市住宅用地出让价格变动情况（2007—2013 年）

第三节　土地资源配置基本情况

图 3-6 给出了各地市商业用地出让价格在不同位数上的变异程度。操作方法是：按地市商业用地出让价格，对地市进行排序，并按十分位数生成十组，每组包含 10% 的样本地市。70% 的地市商业用地平均出让价格在不到 1000 万元/公顷，20% 的地市商业用地平均出让价格在 1000 万元/公顷至 3000 万元/公顷之间，只有 10% 的地市出让价格超过了 4000 万元/公顷。商业用地出让价格的变异主要发生在最高的一组地市，其平均价格是最低十分位数那一组地市的 40 倍以上。值得注意的是，即便低于 1000 万元/公顷的地市，其内部的组间差异也是非常大的。

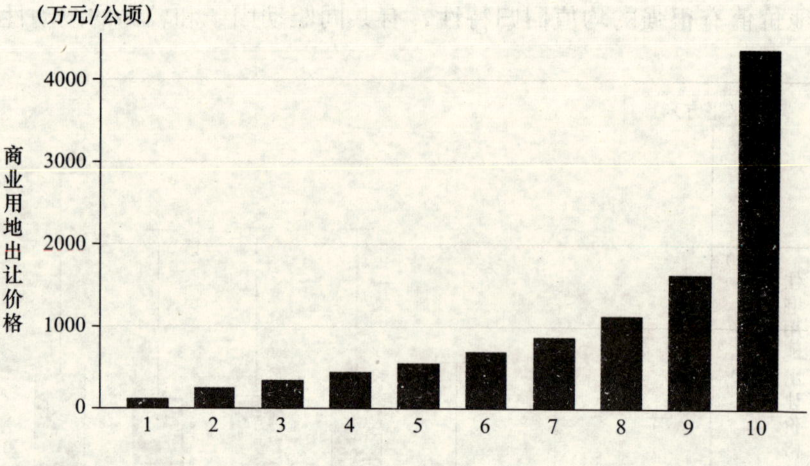

图 3－6　按十分位数排列的各地市商业用地出让价格

下面分别介绍各类土地出让价格的变异情况。按照前面同样的方法，图 3－7 对各地市住宅用地出让价格也执行了按分位数据和操作。住宅用地价格的分布与商业用地价格分布高度相似，60% 的地市住宅用地平均出让价格不到 1000 万元/公顷，30% 的地市住宅用地平均出让价格在 1000 万元/公顷至 3000 万元/公顷之间，只有 10% 的地市价格超过了 4000 万元/公顷。由图 3－7 可知，住宅用地出让价格的变异

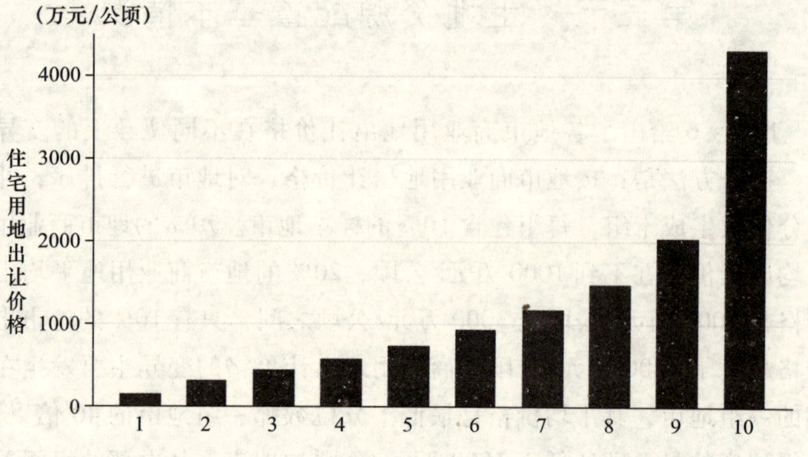

图 3－7　按十分位数排列的各地市住宅用地出让价格

主要发生在最高的一组地市，其平均价格是最低十分位数那一组的30倍以上。值得注意的是，即便低于1000万元/公顷的地市，其差异也是非常大的。

图3－8是按十分位数排列的各地市工业用地出让价格。与图3－6和图3－7对比可以发现，工业用地出让价格的异质性明显小于商业和住宅用地出让价格。50%的地市工业用地出让价格在100万元/公顷至200万元/公顷之间。与商业用地和住宅用地类似，最高10%地市的工业用地出让价格也是远远大于其他各组。

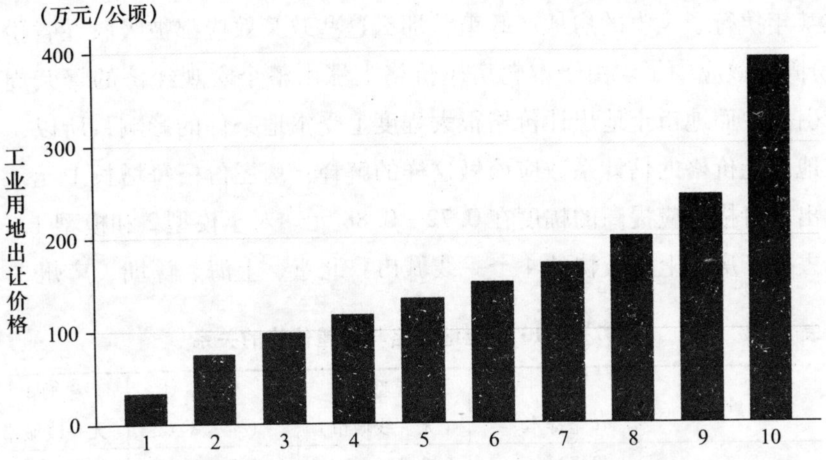

图3－8　按十分位数排列的各地市工业用地出让价格

第四节　土地出让价格对房屋价格的贡献度

一　土地价格与房屋价格的关系

土地价格与房屋价格存在双向反馈机制，一方面，土地成本是房屋开发的主要成本之一，其价格上涨会传递到房屋价格中去；另一方面，房屋价格增长会增加开发商盈利的预期，从而使其在土地出让时会接受较高的出让价格。其中，城市化进程也对房价上升发挥了重要作用。根据陆铭等（2014）的研究，由城市移民产生的住房需求和对城市化的预期成为推高城市住房价格的重要原因。本部分不讨论房价和地价之间的因果关系，而是试图描述两者之间相关程度的大小。

表3－2描述了2007—2013年土地价格与房屋价格的关系。由表3－2可知，土地出让价格与房屋价格相关性较高，在所有4个模型中，土地出让价格的估计系数都在1%的显著性水平下显著。模型1和模型2与模型3和模型4的差别在于，前者控制了地市固定效应，而后者控制了省份_年份固定效应。所以，在模型3和模型4中，如果某个省份在某年执行了全省的房地产政策，那么这些政策效应都被吸收在省份_年份固定效应中了。由于本轮房屋价格上涨由整个宏观经济的繁荣周期所引发，而地市土地出让价格很大程度上受本地条件的影响，所以，对土地出让价格的估计系数应该做这样的解释：房屋价格每增长1元，土地出让价格相应提高的幅度在0.72—0.88元。对于模型2和模型4，我们去掉了房屋上涨较快的4个一线城市：北京、上海、深圳、广州。

表3－2　　2007—2013年土地价格与房屋价格的关系

变量	模型1（全样本）	模型2（无一线城市）	模型3（全样本）	模型4（无一线城市）
土地出让价格	0.724*** (0.049)	0.883*** (0.057)	0.763*** (0.043)	0.811*** (0.050)
人口（万人）	8.230*** (0.685)	6.931*** (0.716)	1.259*** (0.188)	0.970*** (0.187)
人均GDP（万元）	292.154*** (17.963)	296.992*** (19.209)	168.158*** (11.498)	135.216*** (12.977)
intercept	－1500.160*** (291.440)	－1129.284*** (297.535)	1120.803*** (289.118)	1264.024*** (282.548)
地市固定效应	是	是	否	否
省份_年份固定效应	否	否	是	是
地市数量	322	318	322	318
样本数	2180	2166	2180	2166
R^2	0.338	0.331	0.529	0.531

注：*、**、***分别表示在10%、5%和1%的显著性水平下显著。

表3-3进一步按照类型将土地出让价格分解为工业用地、商业用地和住宅用地三类，考察房屋价格与不同类型土地出让价格之间的关系。值得注意的是，工业用地出让价格与房屋价格的相关性比较强，所估计系数大于1，这可以部分理解为房屋价格上涨的城市化效应，即房屋价格上涨提高了土地的价值，这一上涨效应也外溢到了工业用地的成本。房屋价格上涨对住宅土地价格的直接效应也非常明显，房屋价格每增长1元，住宅土地出让价格大约提高0.5元。但房屋价格上涨对商业用地土地出让价格相对微弱，而且去掉了房屋上涨较快的4个一线城市的模型2和模型4，这一系数在统计上不显著。

表3-3　土地价格与房屋价格的关系（2007—2013年按土地出让类型）

变量	模型1（全样本）	模型2（无一线城市）	模型3（全样本）	模型4（无一线城市）
工业用地出让价格	1.478*** (0.324)	2.606*** (0.479)	2.201*** (0.293)	2.564*** (0.421)
商业用地土地出让价格	0.097*** (0.021)	0.060* (0.032)	0.130*** (0.019)	0.041 (0.029)
住宅土地出让价格	0.493*** (0.030)	0.503*** (0.032)	0.444*** (0.027)	0.479*** (0.029)
人口（万人）	7.486*** (0.672)	6.451*** (0.706)	1.063*** (0.179)	0.844*** (0.175)
人均GDP（万元）	254.366*** (18.671)	272.259*** (19.621)	147.491*** (11.665)	128.484*** (12.582)
intercept	-1430.437*** (282.876)	-1245.205*** (290.148)	927.559*** (279.671)	1019.408*** (273.690)
地市固定效应	是	是	否	否
省份_年份固定效应	否	否	是	是
地市数量	322	318	322	318
样本数	2180	2166	2180	2166
R^2	0.380	0.365	0.543	0.541

注：*、***分别表示在10%和1%的显著性水平下显著。

二 土地价格与房屋价格关系的时空差异

由于东部、中部、西部三个地区的经济发展水平和工业化程度不尽相同，土地价格与房屋价格之间的关系也是不一样的。表3-4进一步按照地区将样本分成东部、中部和西部三个子样本，考察不同地区两者之间的关系。为了控制某个省份某年经受的特殊冲击，我们在3个模型中均应用了省份_年份固定效应。

表3-4 土地价格与房屋价格的关系（按地区）

变量	模型1（东部）	模型2（中部）	模型3（西部）
工业用地出让价格	1.545*** (0.292)	1.531*** (0.283)	0.474 (0.954)
商业用地土地出让价格	0.103*** (0.017)	0.003 (0.019)	0.348*** (0.112)
住宅用地土地出让价格	0.156*** (0.026)	0.195*** (0.033)	1.383*** (0.094)
人口（万人）	2.746*** (0.411)	0.904*** (0.162)	0.032 (0.351)
人均GDP（万元）	176.623*** (18.317)	59.924*** (10.053)	128.666*** (20.234)
intercept	3600.422*** (745.480)	1445.972*** (141.954)	2061.168 (1299.593)
省份_年份固定效应	是	是	是
地市数量	113	115	94
样本数	782	790	608
R^2	0.789	0.896	0.438

注：***表示在1%的显著性水平下显著。

无论从统计上还是从经济意义上看，房屋价格对工业用地价格拉动效应在中部地区和东部地区是非常显著的，而这一拉动效应在西部地区则完全观察不到。这实际上可能是由于东部地区和中部地区开发利用程度更高，土地资源相对更为稀缺，而在西部地区工业发展水平较低，可用于工业的潜在土地规模较大，所以，房屋价格上涨对于工业用地的价格拉动效应不明显。对于西部地区，房屋价格对于土地价格的影响主要体现在住宅用地上，这一估计系数在模型中为 1.383，即西部地区房屋价格每增长 1 元，住宅土地出让价格大约提高 1.383 元。这可能是由于西部地区城市规模小和城市化规模低，即便可利用土地资源比较丰富，但由于这些土地工业化程度不够，无法直接开发为住宅用地，所以，实际可利用的土地大多集中在原有城区，在可用于城市化的土地相对缺乏的情形下，房屋价格上涨的拉动效应较大。

房地产市场在 2011 年前后投资信心指数有所变化。在 2011 年之前，尽管投资者受国际金融危机的影响有所起伏，但总体上看，投资热情还是比较高的，主要表现为 2009 年探底回升，而在 2011 年之后，受国家宏观经济预期和调控政策的影响，投资热情进入调整期。表 3－5 分别考察了两个时期各类土地出让价格和房屋价格之间的关系。2011—2013 年，工业用地、商业用地和住宅用地三类土地出让价格的估计系数都小于 2007—2010 年的这一系数，这说明经济进入调整期后，房地产对工业用地、商业用地和住宅用地的拉动效应下降，也说明房地产对整个经济的带动作用也有所下降。与前面模型设定相同，我们在两个模型中均控制了省份_年份固定效应。

表 3－5　　土地价格与房屋价格的关系（按年份）

变量	模型 1（2007—2010 年）	模型 2（2011—2013 年）
工业用地出让价格	2.279***	1.480***
	(0.646)	(0.195)
商业用地土地出让价格	0.310***	0.064***
	(0.049)	(0.010)
住宅土地出让价格	0.729***	0.069***
	(0.047)	(0.018)
人口（万人）	0.672***	1.648***
	(0.188)	(0.258)

续表

变量	模型 1（2007—2010 年）	模型 2（2011—2013 年）
人均 GDP（万元）	191. 970 *** （15. 493）	197. 194 *** （13. 570）
intercept	709. 444 ** （301. 882）	4786. 983 *** （569. 200）
省份_年份固定效应	是	是
地市数量	320	321
样本数	1260	920
R^2	0. 336	0. 453

注：** 和 *** 分别表示在 5% 和 1% 的显著性水平下显著。

第四章　土地资源配置的微观效应：以上市公司为例

房地产发展与房价和地价的快速上涨引起房地产部门和制造业部门产品之间相对价格的变动，由此引发资本、劳动力等生产要素在两个部门和地区之间的流动。本章从制造业企业微观角度出发，基于制造业上市公司 2007—2013 年的数据，讨论土地资源配置的两个微观效应：一个是土地资源配置对制造业上市公司的“空心化”效应，另一个是土地资源配置对制造业上市公司的排序效应。

第一节　制造业上市公司的产业“空心化”效应

2007—2013 年，商品房平均销售价格逐年稳步上升，形成了一轮繁荣走势，同期房地产开发公司利润上涨幅度也比较大，在各个行业中利润率排名靠前。理论上说，如果没有进入壁垒，一个行业繁荣会吸引其他行业的投资涌入。因此，高房价可能会吸引过多本应用于制造业生产部门的投资，造成对制造业部门的投资相对匮乏。本部分分析房地产繁荣与制造业上市公司投资房地产行业的关系，即制造业上市公司是否会受房地产繁荣的影响，而将投资从主营业务转向房地产行业，由此产生制造业产业“空心化”。

一　制造业上市公司房地产投资行为

伴随着房地产市场的繁荣，大型工业企业普遍涉足房地产业务。王文春和荣昭（2014）发现，2007 年，35 个大中城市超过半数的上市工业企业投资了房地产业务。以服装企业为例，红豆股份 2010 年上半年实现营业收入 13.62 亿元，红豆置业占 69%，而另外一家服装企业雅戈尔高价取得土地而成为“地王”。

图 4－1 给出了涉及房地产的制造业企业在股权市场上的分布情况。这里所说的涉及房地产企业是指主业并非房地产，而又通过子公司进行房地产投资的企业。由图 4－1 可见，涉及房地产的企业主要为深沪上市公司，中小企业板仅有少量企业从事房地产业务，而所有的创业板企业一个也没有投资房地产产业，其中的主要有以下原因：一方面房地产项目本身需要资金投资比较大，而且回笼周期比较长，只有资金雄厚的主板上市公司，才有实力进入这个门槛；另一方面，创业板企业大多数为高科技企业，其自身行业利润率较高，相对更不容易受房地产行业繁荣的诱惑。

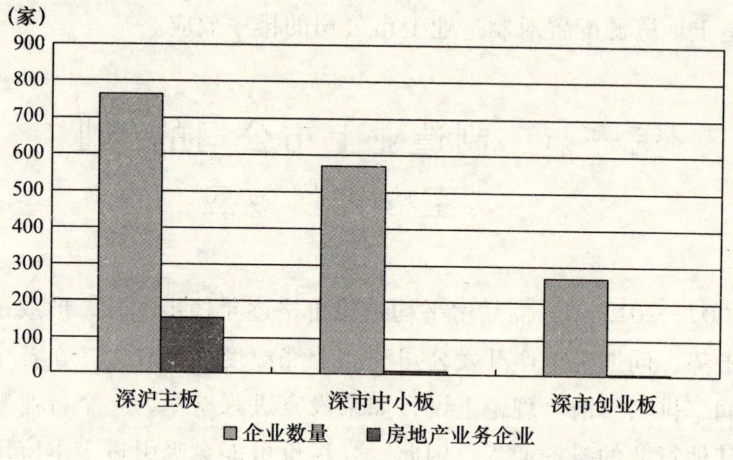

图 4－1 涉及房地产业务企业的市场分布

图 4－2 给出了制造业上市公司中涉及房地产的公司和其他没有涉及房地产公司的年龄分布情况。第一类企业的分布在第二类企业的左面，这意味着，平均而言，制造业产业“空心化”的公司年龄更小一些。由此我们可以推测，部分制造业上市公司在经营主业过程中，如果其主业经营利润降低，可能会受房地产行业繁荣的吸引，因而投

资一些房地产业务。值得指出的是，制造业上市公司中投资房地产行业的近一半企业为设立时间未超过16年的公司，这表明房地产繁荣扭曲上市公司投资行为的影响集中于新企业。

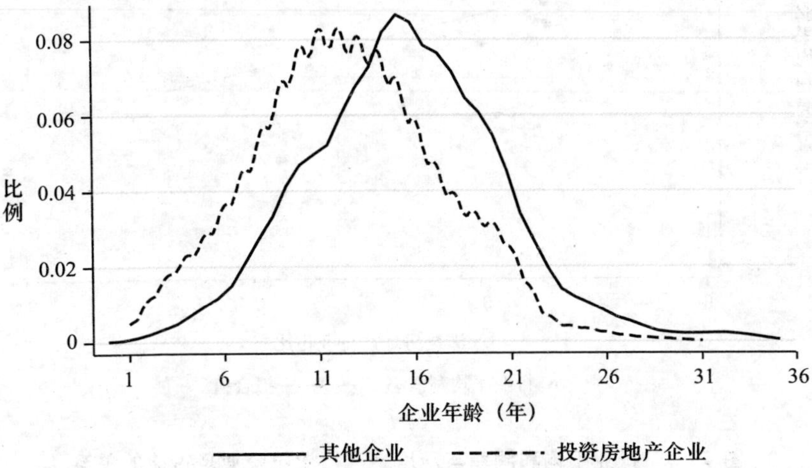

图4-2 投资房地产企业与其他企业的年龄对比

图4-3从行业层面分析了制造业上市公司中子行业平均利润率与涉房地产行业投资业务占比的关系。横轴为涉及房地产企业行业占比，由投资房地产公司数量/该行业全部公司数量计算而得；纵轴为行业平均利润率，按子行业所有公司的主营业务利润平均所得。子行业根据中国证监会2012年修订的《上市公司行业分类导引》，将制造业按三级分类标准分为31个子行业。

所拟合的曲线向右下方倾斜，表明行业平均利润率和涉及房地产行业企业占比存在明显的负相关关系，那些平均利润率低的制造业子行业，投资房地产的公司比重更高。简言之，制造业上市公司的投资行为受两个方向相反的力量驱动：一是自身主营业务利润；二是房地产行业的投资收益，如果前者大于后者，那么制造业上市公司才会安心于主营业务；如果后者远远大于前者，那么图4-3所描述的关系就会出现，即那些相对投资收益最低的企业投资房地产的热情高涨，制造业出现了一定程度的“空心化”。

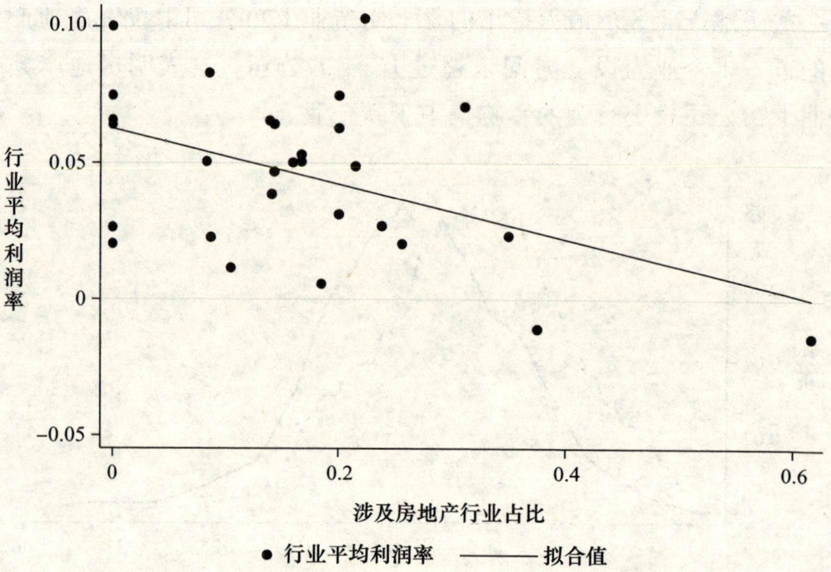

图4－3 行业平均利润率与涉房地产行业投资业务占比的关系

二 制造业产业“空心化”的理论机制

基于内生增长模型的讨论假定投资的正外部性，普遍认为，投机性泡沫将储蓄挤出生产性投资，因此，不利于经济增长（Grossman and Yanagawa，1993；King and Ferguson，1993）。不过，投机性泡沫如果是由于上市公司股权等生产性资产而催生，那么其对经济增长的作用取决于所挤出投资在挤出和挤入两个部门的相对使用效率（Olive，2000）。

已有研究讨论了房价上涨对实体经济的负面影响。王文春和荣昭（2014）研究了房价的快速上涨对35个大中城市规模以上工业企业的新产品开发活动的影响，发现房价上涨率会抑制当地工业企业新产品开发行为，但是，规模较小企业和外资企业所受影响较小。高玲玲（2015）发现，商品房销售价格上涨的吸附效应和成本效应大于抵押担保效应，从而对工业产出存在挤出效应，因而房地产业作为支柱产业促进经济增长的论断需要商榷。吴晓瑜等（2014）从微观主体职业选择角度研究发现，房价上涨的“替代效应”阻碍了无房者的创业行为，而综合了财富效应、信贷效应以及替代效应后，房价上涨对有房者创业的总影响并不确定。余静文等（2015）利用研发投入变量，考察了有稳定研发行为的企业，发现房价高增长的杠杆效应挤出了投资风险高、回报周期长的研发投资，是中国企业陷入了“低技术锁定”陷阱的重要原因。

这些研究成立的一个重要前提是假定企业受房地产高额回报率吸引而转向房地产业务。当前的研究尚没有直接考察企业投资房地产的动因，从这个角度看，本书从讨论制造业上市公司主营业务利润率与房地产投资的关系入手，是对于已有文献的重要补充。

本部分的核心思想来源于关于产业“荷兰病”问题的研究。对各地先后出现的房地产热，我们也要保持警惕这种“繁荣”所来的种种问题，其中之一就是“荷兰病”问题，具体表现形式是一国特别是中小国家经济的某一初级产品部门异常繁荣而导致其他部门衰落的现象（Bruno and Sachs，1982）。这个现象最早出现在20世纪50年代的荷兰，当地政府发现了大量石油和天然气，为了大力发展具有天然资源优势的石油和天然气行业，短期内出口剧增，国际收支出现顺差，本国的经济显现繁荣景象。但是，这种蓬勃发展的天然气业却严重打击了荷兰的农业和其他工业部门，削弱了这些行业的国际出口竞争力。因此，到20世纪80年代初期，荷兰就遭受到了通货膨胀上升、制成品出口下降、收入增长率降低、失业率增加等困扰，国际上称这一现象为“荷兰病”。

在中国，资源型城市也曾经面临着“荷兰病”问题。中国共有118座资源型城市，随着资源的持续开采，先后有一些城市逐渐出现了资源枯竭的现象。2008年，国家发改委确定了阜新、大兴安岭、盘锦、焦作等12个城市为首批资源枯竭城市。仅仅过了一年，国家发改委又公布山东枣庄、辽宁抚顺、内蒙古阿尔山、江西景德镇等全国32个城市为第二批资源枯竭城市。2011年，这个名单又增加了25个城市，如今总数已高达69个。

房地产业高速发展和由此形成的土地资源配置格局必将对中国经济社会发展产生深远的影响。根据国家统计局公布的数据，2004—

2010年，全国商品房销售价格年平均增长率为10.4%，高于同期GDP的增长速度。理论上说，房地产业高额回报率会吸引了大量资金和生产要素涌入，由此产生的“虹吸效应”对其他行业的发展产生不利影响，从而造成扭曲的产业结构和经济上的低效率。根据原鹏飞和冯蕾（2014）的计算，1998—2012年，房地产开发投资年平均增速高达25.9%，高于全社会固定资产投资的速度（21.9%）。根据《中国统计年鉴（2014）》统计，2013年，中国工业企业成本费用利润率平均为6.6%；而由国泰安数据计算可知，2013年，中国上市房地产企业成本费用利润率平均高达40.2%。此外，根据历年《中国500强企业发展报告》统计，500强企业中制造业企业2012年相对于2002年减少21家，而房地产企业则从7家增加到25家。

以上是从宏观层面来看部门之间发展相互影响的问题，而从制造微观企业角度看，房地产业的过快发展和高回报率也可能吸引许多制造业企业转向房地产。本部分基于制造业上市公司子公司经营业务数据，从公司层面的数据来检验是否存在这种“荷兰病”效应，并检验其传染的速度和影响范围。

从局部均衡角度看，房地产及其上下游产业可能会受住房价格上涨而扩张。而从一般均衡角度看，房地产业扩张可能会引发资源的过度集中而阻碍其他行业的发展。在房价快速上涨及升值预期所带来的利润驱动下，资源将向高利润率的房地产企业流动，形成房地产企业的快速扩张和高速成长。房地产行业繁荣使投资房地产的盈利预期增加，相形之下，制造业投资大，平均利润较低，一些制造业企业可能会受高利润诱惑而投资房地产业务，特别是那些主营业务利润比较低的公司更有可能受吸引转向房地产。由此，我们提出第一个有待验证的假说，并利用制造业上市公司的数据从实证上来检验这个假说。

假说4-1：主营业务利润越低，制造业上市公司投资房地产的可能性越大。

进一步地，如果制造业上市公司确实因为相对利润率较低而投资房地产，那么哪些类型的公司更容易受吸引呢？首先，从风险角度看，制造业公司对其主业相对熟悉，因而风险是可控制和可预见的，而进入房地产业则需要面临更多风险。那些陷入财务困境的ST类公司，股权已经降为负值，如果投资房地产等新项目，股东并不会承担任何风险，所有投资失败的风险都由债权人承担。我们预计，那些ST类制造业上市公司，更有动机投资房地产以实现风险转移。由此，我们提出第二个有待验证的假说。

假说4－2：主营业务利润越低，ST类制造业上市公司投资房地产的可能性越大。

从影响范围看，如果房地产繁荣引发成熟公司和新兴公司都投资房地产，那么这种情形下产业“空心化”会达到相当严重的程度。相对而言，成熟公司盈利模式已经固化，更不容易受吸引而偏离主营业务。此外，大公司是否受吸引而投资房地产可能会受两方面因素影响。一方面，大公司往往是本行业的领导者，具有较强的竞争优势而不会轻易转行；另一方面，大公司掌握了更多的社会资源，在当前土地出让体制下，更容易拿到开发用地这一战略性资源。我们下文从实证角度检验本行业最大公司是否更容易受盈利动机驱使而投资房地产。

当然，本部分所分析的房地产企业投资是指由上市公司直接控股的房地产子公司，有可能遗漏另外一种情形，即上市公司通过其关联企业间接投资房地产。以青岛海尔为例，青岛海尔的母公司海尔集团与浙江绿城共同建立海尔绿城有限公司，主营业务为房地产，而上市公司青岛海尔没有直接参与房地产投资，其会计报表上也无法体现母公司的房地产投资行为，因此，本书把这类间接参与房地产投资行为排除在外，可能低估了上市公司参与投资房地产的规模和强度。

三 制造业产业“空心化”的实证检验

前文描述和分析表明，制造业自身利润水平低下是造成制造业上市公司投资房地产业务的重要原因。为验证前文所提假说是否成立，本部分基于国泰安制造业上市公司数据和地级市层面数据检验制造业主营业务利润、子公司所在地平均土地出让价格与房地产投资业务的关系。

为了检验制造业主营业务利润、子公司所在地平均土地出让价格对房地产投资的影响，我们建立了以下计量模型：

$$house_{it} = \beta_0 + \beta_1 profit_{it} + \beta_2 control_{it} + d_{year} + d_{company} + \varepsilon_{it}$$

在上述计量模型中，i、t 分别表示制造业上市公司与年份。其中，被解释变量 $house$ 为 i 公司 t 年是否投资了房地产业务。$profit$ 是主要解释变量，为 i 公司 t 年主营业务资产收益率，数据来源于国泰安上市公司年报数据库，同时我们也使用了该变量的滞后值作为稳健性检验。利用滞后其主营业务资产收益率作为解释变量的经济学依据是在企业面临经营调整和经济环境变化下，不能及时改变生产性决策，往往等到下一期才可以实施针对性的调整。另外，使用滞后变量能在一定程度上减少内生性问题。β_1 为本书重点关注的待估参数。根据分析我们预测 β_1 的符号为负，其经济学含义是：那些经营面临一定困难的公司更有可能受利润驱动而投资房地产。β_0 为常数项，β_2 为控制变量的系数。

数据期间为制造业上市公司2007—2013年，上市公司年终会计报表在“长期股权投资”科目下，记录了子公司当年经营的基本情况。本部分研究最重要的是子公司所在地信息，我们通过手工整理获得这一信息。上市公司年报记载了子公司的名称，一部分子公司可以由其名称确定所在的地级市，其余是无法根据名称判断的，我们通过百度等网站搜索整理确定。子公司的选择标准是按母公司持有股份超过30%来确定，那些母公司持有股份达不到30%的，其经营决策受母公司的影响相对较小，所以排除到研究范围之外。由此，最终所用的子公司数据不包含母公司持有股权比重低于30%和子公司信息不详的数据。我们还区分了国有企业和民营企业，国有企业的经营决策可能与民营企业存在差异，因为国有企业更容易拿到银行贷款并往往负担更高的工资薪酬（Song et al.，2011；Brandt et al.，2013）。

除了制造业主营业务利润和子公司所在地平均土地出让价格，还有一些变量会影响制造业上市公司是否投资房地产，显然，需要进行控制。企业层面需要控制以下因素：

企业年龄。企业存续时间对企业经营决策产生重大影响，比如，Kosova 和 Lafontaine（2010）指出，企业存续时间越长，企业未来存续的可能性越大，但企业增长率可能会更低。史宇鹏等（2013）指出，相对于美国和日本企业平均寿命在30—40年，2008年中国制造业企业的平均寿命仅为7.5年。我们采用了自企业成立至数据年份所经历的年份数来进行度量。同时，根据毛其淋和盛斌（2013）的研究，中国制造业企业更替非常频繁，1999—2006年，年平均进入率和退出率分别为25%和17%。

我们还列入了影响城市房地产市场供求的变量。常住人口增加量和常住人口增长率测度城市对住房的需求，分别以2006年为基年计算。陆铭等（2014）发现，城市化水平提高和向城市移民进入城市，带来持续增长的住房需求和增值预期引发的投资需求从而提升房价。在土地供给方面，子公司所在地城市住宅用地和工业用地的出让价格，按生产性子公司所在城市的价格平均计算而得。

对于ST类上市公司，资不抵债的状态有可能诱发经理层的风险转移行为。根据期权理论，公司的资产可以看作公司股权人持有一个看涨期权，当公司已经资不抵债时，股权人所持有股权的价值下降为0。这个时候股权人偏好高风险的投资机会，因为即便失败，有限责任决定了股权人不会再有额外的损失；而成功则能带来收益。在这种状态下，新投资项目的风险实际上全部由债权人承担。因此，对于ST制造业上市公司，更有可能投资房地产以实现风险转移。

四　制造业产业“空心化”的实证结果

表4-1考察了制造业企业从事房地产业务的动因，总体上看，主营业务收益率与从事房地产业务的可能性成反比关系，即那些主营业务收益越低的公司越有可能通过子公司从事房地产投资。第一列用了深沪主板、深市中小企业板和创业板所有公司的数据；第二列到第四列用的是深沪主板公司的数据，但采用了不同的主营业务资产收益率，其中第二列是当年的主营业务资产收益率；第三列是上一年、当年和下一年三年平均的资产收益率；第四列是滞后一期的主营业务资产收益率。采用滞后一期解释变量的另外一个原因在于，当上市公司面临经营等方面环境变化时，可能无法当期及时改变生产决策，需相当长的时间才能有针对性地进行调整。

由于本部分使用了个体和时间双向固定效应控制不可观测的遗漏

变量，由此产生的内生性问题在很大程度上不会影响估计结果。不过，由于房地产投资业务在一定程度上可能会影响主营业务资产收益率，反向因果关系也会带来内生性问题。已有文献通常寻找地理变量作为工具变量，或者直接使用自变量的滞后项，以控制因果关系的方向（Combes et al.，2010）。为此，我们使用了主营业务资产收益率的滞后项。同时，由于本部分因变量是针对新增房地产投资而言的，而自变量是针对整个制造业上市公司的主营业务而言的，因变量对自变量的反向作用的幅度有限。由上述这两个方面的处理，我们认为，反向因果问题在估计模型中不会对结果产生太大影响。

综合表 4 - 1 中 4 个模型的结果可以发现，主营业务资产收益率与房地产投资呈负相关关系，制造业上市公司投资房地产很大程度上是因为其主业收益率过低。在其他控制变量中，企业年龄在 4 个模型中显著为负，表明相对新设立的企业更有可能投资房地产。

表 4 - 1　　主营业务收益率对从事房地产业务的影响

变量	全样本	深沪样本		
主营业务资产收益率	-0.065^{**} (0.026)	-0.058^{*} (0.033)		
主营业务资产收益率（三年平均）			-0.298^{***} (0.088)	
主营业务资产收益率（滞后一期）				-0.159^{***} (0.060)
企业年龄（年）	-0.006^{***} (0.002)	-0.006^{***} (0.002)	-0.009^{***} (0.003)	-0.008^{***} (0.003)
子公司所在地城市平均工业用地出让价格（万元/公顷）	0.000 (0.000)	0.000 (0.000)	0.000 (0.000)	0.000 (0.000)
子公司所在地城市平均住宅用地出让价格（万元/公顷）	0.000 (0.000)	0.000 (0.000)	0.000 (0.000)	0.000 (0.000)
常住人口增加量（相对于 2006 年，人）	0.000 (0.000)	0.000 (0.000)	0.000 (0.000)	0.000 (0.000)
常住人口增长率（相对于 2006 年，%）	0.000 (0.000)	0.000 (0.000)	0.000 (0.000)	0.000 (0.000)

续表

变量	全样本	深沪样本		
子公司所在地城市平均人均 GDP（元/人）	-0.002 * (0.001)	-0.003 ** (0.001)	-0.002 (0.002)	-0.003 (0.002)
常数项	0.211 *** (0.015)	0.311 *** (0.026)	0.344 *** (0.031)	0.342 *** (0.032)
个体固定效应	是	是	是	是
年份固定效应	是	是	是	是
公司数量	1466	721	719	714
样本数	7635	4590	3956	3844
R^2	0.017	0.014	0.015	0.017

注：括号内为估计系数的标准差，*、** 和 *** 分别表示在 10%、5% 和 1% 的显著性水平下显著。

下面检验制造业上市公司是否存在风险转移行为。由实物期权理论可知，公司股权可以看作股东持有一个看涨期权，股东可以享有上涨的收益，而不必承担公司净资产低于股权价值以下的风险。这意味着，当公司净资产低于公司债权时，股东有动机让公司投资风险更高的项目，因为该项目失败并不能造成股权人的损失，这就是股东将风险转移至债权人的风险转移行为。

前面已经说明，公司投资房地产业务的一个重要动因是行业主营业务资产收益率低，当公司面临更大的经营压力时，如公司被 ST 警告，那么，公司快速摆脱困局的途径就是投资一个盈利较好的非主营业务。对于这类公司，其行为的本质就是承担一个新的投资风险，而利用这个风险可能带来的收益扭转主营业务的亏损，这就是所谓的风险转移行为。

由此，如果制造业公司投资房地产业务的动机是风险转移，那么，这一效应在 ST 公司会在统计上显著，而在非 ST 公司是观测不到的。表 4-2 的实证结果支持了风险转移假说，主营业务资产收益率在表 4-2 前两列是统计上显著的，而且这一结果是稳健的，即无论是当期的主营业务资产收益率，还是滞后一期的主营业务资产收益率，其估计结果都是一致为负。而在后两列中，主营业务资产收益率的估计系数不稳健，仅第四列在10%的显著性水平下显著，第三列则完全不显著。

表4-2　检验是否存在风险转移行为

变量	深沪ST公司		深沪非ST公司	
主营业务资产收益率	-0.246* (0.133)		-0.033 (0.034)	
主营业务资产收益率（滞后一期）		-0.428*** (0.144)		-0.077* (0.040)
企业年龄（年）	0.014 (0.013)	0.013 (0.015)	-0.009*** (0.002)	-0.011*** (0.003)
子公司所在地城市平均工业用地出让价格（万元/公顷）	0.000 (0.000)	0.000 (0.000)	-0.000* (0.000)	0.000 (0.000)
子公司所在地城市平均住宅用地出让价格（万元/公顷）	0.000 (0.000)	0.000 (0.000)	0.000 (0.000)	0.000 (0.000)
常住人口增加量（相对于2006年，人）	-0.002 (0.001)	-0.001 (0.002)	0.000 (0.000)	0.000 (0.000)
常住人口增长率（相对于2006年,%）	0.003 (0.003)	0.001 (0.003)	0.000 (0.000)	0.000 (0.000)
子公司所在地城市平均人均GDP（元/人）	-0.015** (0.007)	-0.021*** (0.008)	0.000 (0.002)	0.000 (0.002)
常数项	0.166 (0.156)	0.229 (0.193)	0.326*** (0.026)	0.358*** (0.032)
个体固定效应	是	是	是	是
年份固定效应	是	是	是	是
公司数量	37	36	687	681
样本数	241	202	4348	3666
R^2	0.056	0.075	0.012	0.015

注：括号内为估计系数的标准差，*、**和***分别表示在10%、5%和1%的显著性水平下显著。

根据 Kosova 和 Lafontaine（2010），公司年龄对其决策行为有重要影响，相当比重（近期30%）的公司在其设立三年之内就退出了经营，所以，历史较短的公司其主营业务往往尚未成熟，面临的经营风险也会比较大。此类公司往往会寻求非主营业务的投资机会，尝试通过非主营业务的盈利来平衡主营业务的风险。而对于那些设立时间较长的公司，其主营业务相对成熟而面临的风险相对较低，所以，反而更容易专注于主营业务。在这种情形下，当由于房地产行业繁荣而形成投资机会时，那些设立时间较短的制造业公司更有动机兼营房地产业务。如果这一假说是正确的，那么主营业务资产收益率所估计的系数对于年轻的公司应该大于年老的公司。

下面我们从实证的角度来检验这一命题，我们把制造业公司按时间划分为设立10年以上和10年以下公司两个子样本，然后分别重复上文的回归。由表4－3可知，主营业务资产收益率的估计系数无论是当期的还是滞后一期的在前两列都是显著的，而在后两列均不显著。这表明，受房地产繁荣影响的主要是成立时间较短的制造业上市公司，而那些成立时间较长的公司，可能由于盈利模式已经比较成熟，反而较少参与投资房地产业务。

表4－3　　主营业务资产收益率与制造业上市公司房地产投资（按公司年龄）

变量	深沪公司设立未满10年	深沪公司设立10年以上		
主营业务资产收益率	－0.279*** (0.079)		－0.105 (0.103)	
主营业务资产收益率（滞后一期）		－0.184*** (0.058)		－0.067 (0.051)
子公司所在地城市平均工业用地出让价格（万元/公顷）	0.000 (0.000)	0.000 (0.000)	－0.000*** (0.000)	－0.000*** (0.000)
子公司所在地城市平均住宅用地出让价格（万元/公顷）	0.000 (0.000)	0.000 (0.000)	0.000 (0.000)	0.000 (0.000)

续表

变量	深沪公司设立未满十年		深沪公司设立十年以上	
常住人口增加量（相对于2006年，人）	0.000 (0.000)	0.000 (0.000)	0.000 (0.000)	0.000 (0.000)
常住人口增长率（相对于2006年,%）	0.000 (0.001)	0.000 (0.001)	0.000 (0.001)	0.000 (0.001)
子公司所在地城市平均人均GDP（元/人）	-0.003 (0.002)	-0.004* (0.002)	-0.003 (0.002)	-0.003 (0.002)
常数项	0.298*** (0.017)	0.307*** (0.017)	0.197*** (0.016)	0.204*** (0.016)
个体固定效应	是	是	是	是
年份固定效应	是	是	是	是
公司数量	330	330	392	387
样本数	1900	1886	2067	1982
R^2	0.004	0.006	0.000	0.001

注：括号内为估计系数的标准差，*和***分别表示在10%和1%的显著性水平下显著。

与此相关的另外一个问题是房地产繁荣引发“空心化”效应的影响程度。如果那些规模大的制造业公司受房地产行业繁荣影响而偏离主业，那么，房地产的杠杆效应对制造业整体经营状况会造成更大的冲击。为了检验是否存在这一效应，我们按制造业细分行业代码，将每个细分行业资产规模最大的企业单独选出来组成一个子样本，将其余企业划到另一个子样本，分别重复了上面的回归，结果见表4-4。在前两列最大公司的子样本中，主营业务资产收益率低是制造业公司投资房地产业务的一个重要动因，而那些规模较小的公司即便主营业务收益率不高，也没有转向房地产行业投资，主营业务资产收益率的估计系数仅在第四列模型中是显著的，并且其绝对值小于前两列模型所估计的系数。

表 4-4 主营业务资产收益率与制造业上市公司房地产投资（按公司规模）

变量	深沪行业资产最大公司		深沪行业资产非最大公司	
主营业务资产收益率	-0.913*** (0.341)		-0.046 (0.032)	
主营业务资产收益率（滞后一期）		-0.655* (0.365)		-0.113*** (0.038)
企业年龄（年）	0.033*** (0.013)	0.025 (0.016)	-0.010*** (-0.002)	-0.012*** (-0.003)
子公司所在地城市平均工业用地出让价格（万元/公顷）	0.000 (0.000)	0.000 (0.000)	-0.000* (0.000)	0.000 (0.000)
子公司所在地城市平均住宅用地出让价格（万元/公顷）	0.000 (0.000)	-0.000* (0.000)	0.000 (0.000)	0.000 (0.000)
常住人口增加量（相对于 2006 年，人）	-0.002** (-0.001)	-0.001 (-0.001)	0.000 (0.000)	0.000 (0.000)
常住人口增长率（相对于 2006 年，%）	0.002 (-0.002)	0.001 (-0.002)	0.000 (0.000)	0.000 (0.000)
子公司所在地城市平均人均 GDP（元/人）	-0.029*** (-0.010)	-0.022* (-0.011)	0.000 (-0.001)	-0.001 (-0.002)
常数项	0.175 (-0.120)	0.247 (-0.157)	0.335*** (-0.027)	0.366*** (-0.033)
个体固定效应	是	是	是	是
年份固定效应	是	是	是	是
公司数量	55	55	669	662
样本数	341	286	4248	3582
R^2	0.009	0.006	0.019	0.018

注：括号内为估计系数的标准差，*、** 和 *** 分别表示在 10%、5% 和 1% 的显著性水平下显著。

五 结论和建议

2007—2013 年，商品房平均销售价格逐年稳步上升，房地产行业形成一轮繁荣走势。因此，高房价可能会吸引过多本应用于制造业生产部门的投资，造成对制造业部门投资相对匮乏。本部分借鉴产业“荷兰病”问题的研究思路，考察了制造业上市公司将投资从主营业务转向房地产行业，由此产生制造业产业“空心化”。

研究发现，无论是采用当期、三年平均或滞后一期的指标，主营业务资产收益率与房地产投资呈负相关关系，制造业上市公司投资房地产很大程度上是因为其主业收益率过低。这一“空心化”效应在ST上市公司更为明显，说明制造业上市公司存在一定的风险转移行为。受房地产繁荣影响的主要是成立时间较短的制造业上市公司，而那些成立时间较长的公司，可能由于盈利模式已经比较成熟，反而较少参与投资房地产业务。从“空心化”效应的影响幅度上看，较大的制造业公司投资更容易受影响。

制造业的“空心化”效应有几个方面的含义。对于制造业上市公司，投资房地产一定程度上能够得到一些利润，有助于其短期生存和资本短期优化配置；但将资本从主业转移会对长期发展产生不利影响。对于房地产业发展，制造业的进入迅速摊薄了房地产业的超额利润，加剧了行业内竞争并提高了产业发展水平。

第二节　土地价格变动下的排序效应

前文已经证实房地产繁荣引发制造业上市公司的“空心化”效应，而根据“新”新经济地理的分析框架，异质性企业在面临外部成本变动时，会重新布局其生产基地。沿着这个思路，本部分讨论房地产繁荣引发的土地价格变动对制造业上市公司子公司分布的影响。具体而言，那些效率较低的子公司是否会由于土地成本上升而转移到土地价格较低的地区，从而使上市公司经济效率与子公司平均土地成本之间存在正相关关系。

与克鲁格曼（1991）从资金、信息和技术等方面的外部性等角度寻找经济地理集聚的内生动力不同，梅利茨（2003）引入企业异质性，从企业或个体微观决策角度入手，讨论企业的空间分布。鲍德温

(2006) 和奥塔维亚诺（Ottaviano，2011）认为，企业生产效率和市场效应是决定产业分布的两个重要因素，他们的理论预测：高生产率由于更少受到市场扩大而加剧本地竞争所造成的伤害，所以，生产率最高的企业会首先向大市场转移，低生产率企业因离开集聚区域的机会成本最低而容易受引资政策吸引。从异质性企业的角度出发，邓子梁和陈岩（2013）讨论了外资进入对国有企业生存的影响，发现外资进入引起竞争加剧，确实增加了国有企业面临的生存风险，但那些生产率高、规模大以及外资参与的国有企业却能够利用外资的正面外溢效应而提高生存概率。

沿着这个思路，我们认为，由房地产繁荣所引发的土地价格上涨，也会引发制造业上市公司生产性子公司的重新布局。具体而言，那些生产率低的子公司最容易受土地价格上涨的影响，而向低土地价格城市转移。由此形成这样一个均衡：高生产率的子公司位于高土地价格城市，而生产率相对较低的子公司则位于低土地价格城市，即生产率和城市土地价格呈正相关关系。

下面我们首先分析了工业用地价格上升与制造业生产性子公司布局之间的理论关系，然后介绍了实证模型和数据，在测算了制造业上市公司的经营效率后，我们验证了制造业上市公司经济效率和生产性子公司加权工业用地价格的正相关关系。

一　排序效应的理论机制

仿照鲍德温和 Okubo（2008），我们建立异质性企业模型，分析工业用地价格上升对制造业上市公司子公司布局的影响。

代表性消费者的偏好设定为拟线性形式：

$$U = \mu \ln C_M + C_A, C_M \equiv \left(\int_i c_i^{1-1/\sigma} \mathrm{d}i\right)^{1/(1/1/\sigma)}, 0 < \mu < 1 < \sigma \quad (4.1)$$

式中，C_M 和 C_A 分别表示消费 M 个行业的合成产品和消费 A 行业产品。σ 表示 M 个行业中任两个产品之间的常数替代弹性。i 表示 M 个行业所生产的第 i 类产品。Θ 表示所生产产品的集合即 C_M 和 C_A 的并集，这一集合由资源禀赋决定，因为生产每个产品都需要一单位资本，而全部资本总量是固定的。

假定每个城市每单位资本与特定水平的生产效率相关联，这一效率用每单位劳动力所需要的 a 来表示，假定 a 服从帕累托分布 G：

$$[a]=\left(\frac{a^{\rho}}{a_0^{\rho}}\right) \qquad 1\equiv a_0\geqslant a\geqslant 0,\quad \rho\geqslant 1 \tag{4.2}$$

式中，a_0 是规模参数，ρ 为形状参数。因为可以自由选择 M 行业产品的数量，不失一般性，标准化 a_0 为 1。

假定企业在城市间的转移成本为 χ 单位劳动力，特别地，假定 χ 有以下形式：

$$\chi=\gamma m \tag{4.3}$$

式中，γ 表示城市间的距离，m 表示单位距离的成本。效用最大化可以得出替代弹性（CES）的需求函数。假定全部城市的花费 E^W，小城市占比为 s_E，标准的迪克西特—斯蒂格利茨垄断竞争假定意味着典型市场上代表企业的营业利润是乘以企业层面的收入。

小城市所在公司的营业利润表示为：

$$\pi^*[a]=\left(\frac{a}{1-1/\sigma}\right)^{1-\sigma}\left(\frac{\phi s_E}{\int_i p_i^{1-\sigma}di}+\frac{1-s_E}{\int_i p_i^{*1-\sigma}di}\right)\frac{E^W}{\sigma};s_E\equiv\frac{E}{E^W},\phi\equiv\tau^{1-\sigma} \tag{4.4}$$

式中，ϕ 可以看作城市间的贸易成本，消费者面对的价格表示为 P^*，生产者面临的价格表示为 P。经过化简，大城市和小城市所在企业的营业利润表示成 a 的函数：

$$\pi[a]=a^{1-\sigma}\left(\frac{s_E}{\Delta}+\frac{\phi(1-s_E)}{\Delta^*}\right)\frac{E^w}{K^w\sigma}$$

$$\pi^*[a]=a^{1-\sigma}\left(\frac{\phi s_E}{\Delta}+\frac{1-s_E}{\Delta^*}\right)\frac{E^w}{K^w\sigma} \tag{4.5}$$

其中，大城市和小城市需求函数的分母简写为：

$$\Delta\equiv s_K\int_0^1 a^{1-\sigma}dG[a]+(1-s_K)\phi\int_0^1 a^{1-\sigma}dG[a]$$

$$\Delta^*\equiv s_K\phi\int_0^1 a^{1-\sigma}dG[a]+(1-s_K)\int_0^1 a^{1-\sigma}dG[a]$$

$$s_K\equiv\frac{K}{K^w}\quad 1-s_K\equiv\frac{K^*}{K^w}$$

式中，K^W 是全部资本，K 和 K^* 分别为大城市和小城市的资本禀赋，s_K 是大城市所产产品的占比。对 a 积分，由式（4.2）可以得到：

$$\Delta = \lambda[s_n + \phi(1 - s_n)];\ \Delta^* = \lambda(\phi s_n + 1 - s_n);\ \lambda \equiv \frac{\rho}{1 - \sigma + \rho} > 0 \tag{4.6}$$

同一企业在小城市经营和在大城市经营的利润之差为：

$$\pi^*[a] - \pi[a] = a^{1-\sigma}\left[\left(\frac{1 - s_E}{\Delta^*} - \frac{s_E}{\Delta}\right)(1 - \phi)\right]\frac{E^w}{\sigma K^w} \tag{4.7}$$

由式（4.7），大城市土地出让价格上升会引发 Δ 变大，当 Δ 变大时，低效率公司的$\pi^*[a] - \pi[a]$有可能取正值，即向小城市转移可以增加利润。在此情形下，低效率制造业上市公司的生产性子公司首先向低土地价格城市转移。另外，考虑到经济集聚会进一步加剧土地等不可流动要素的稀缺性，提升本地区非贸易要素或服务的价格，迫使低效率制造业子公司加快转移到土地价格价格相对低下的外围区域。

当均衡时，低效率制造业上市公司的生产性子公司处于低土地价格城市，高效率制造业上市公司的生产性子公司处于高土地价格城市。实证分析中，由于缺乏子公司数据而无法计算每个子公司的经营效率，我们待检验的命题转化为：公司整体经营效率高的制造业上市公司，其生产性子公司所在城市的加权土地出让价格也越高，即土地资源配置对制造业上市公司生产性子公司的布局存在排序效应。

二　排序效应的实证检验

为了从实证角度更为严谨地验证土地资源配置对制造业上市公司的排序效应，本部分基于 2007—2013 年制造业上市公司面板数据进行计量分析，基本模型为：

$$eff_{it} = \beta_0 + \beta_1 price_{it} + \gamma control + \mu_{jt} + \varepsilon_{it}$$

式中，eff_{it}表示第 i 个制造业上市公司第 t 年的经营效率。鉴于劳动生产率是没有考虑资本要素的单要素生产率，可能无法全面地刻画制造业上市公司的真实效率水平，本部分采用全要素生产率作为衡量上市公司生产率的指标，由 SFA 方法计算而得。核心解释变量为 $price_{it}$，用制造业上市公司中子公司所在地平均工业用地出让价格表示，用来表示其负担的土地方面生产成本。*control* 为控制变量，用来控制影响制造业上市公司经营效率的一组其他因素。上市公司的经营效率有可能存在规模效益递增，即资产规模越大企业的经营效率有可能越高，我们用取对数 log 的资产规模来控制规模效益。上市公司经营效率可能受到公司治理结构的影响，参考曹春方等（2015）以是否国有企业和独立董事人数控制公司治理情况。行业根据中国证监会 2012 年修订的《上市公司行业分类导引》，将制造业按三级分类标准分为 31 个子行业，下标 j 表示子行业，μ_{jt} 是行业_年份固定效应，用来控制特定行业特定年份所受到的冲击。

被解释变量、解释变量和控制变量所用的原始数据均来自历年国家统计局发布的《中国区域经济统计年鉴》以及《中国城市统计年鉴》。由于变量缺失会影响计量模型估计的有效性，我们在估计方程中加入了以下控制变量。

公司规模。制造业上市公司的总资产取对数得到该指标。根据熊彼特假说，规模是影响企业创新动机的重要因素，规模越大，越有利于技术创新，创新能力强的企业有可能选择土地价格较高的地市能利用这些地方广阔的市场。

企业年龄。企业存续时间对企业经营决策产生重大影响，如 Kosova 和 Lafontaine（2010）指出，企业存续时间越长，企业未来存续的可能性越大，但企业增长率可能会更低。史宇鹏等（2013）指出，相对于美国和日本企业平均寿命在 30—40 年，2008 年中国制造业企业的平均寿命仅为 7.5 年。我们采用了自企业成立至数据年份所经历的年份数来进行度量。同时，根据毛其淋和盛斌（2013）的研究，中国制造业企业更替非常频繁，1999—2006 年年平均进入率和退出率分别为 25% 和 17% 。

三　制造业上市公司经营效率

当前，文献中核算全要素生产率（TFP）的方法主要有分别是增长核算方法、非参数方法和生产函数方法三种。近几年来，较为常用的方法为数据包络分析（Data Envelopment Analysis，DEA）和随机前沿分析法（Stochastic Frontier Analysis，SFA）两种方法。从理论上说，这两种方法都能够将 TFP 分解为技术进步、技术效率和规模效率等部分，但是 DEA 方法计算的结果往往只具有相对意义，该方法有四个方面的局限性：一是假定不存在环境影响因素，这个与现实不符的假定容易导致计算结果的精确性下降；二是可以计算多产出模型，但要求多个产出之间没有相关性，这在现实中很难找到合适的例子；三是作为一种数学规划方法，没有办法采用计量方法对模型的适用性进行检验；四是该方法要求首先对所用数据进行秩相关检验，如果缺少了检验，数据的适用性和结果的精确性都没法保障。

综上，相对于 DEA 方法，基于生产函数的 SFA 方法更能反映全要素生产率的真实情况。特别是下文采用了超越对数生产函数形式，放松了替代弹性假设，较好地拟合了制造业上市公司的投入产出关系，因此，下文对上市公司生产率的计算将采用 SFA 方法

在已有文献的研究中，随机前沿生产函数通常有两种主要的形式：柯布—道格拉斯（Cobb - Douglas）和超越对数（Trans - log）。为了对比结果的稳健性，我们分别将随机前沿生产函数设定为这两种形式，其中，柯布—道格拉斯的具体形式如下式所示：

$$\ln Y_{it} = \beta_0 + \beta_1 \ln L_{it} + \beta_2 \ln K_{it} + \beta_3 t + + v_{it} - u_{it}$$

超越对数的具体形式如下式所示：

$$\ln Y_{it} = \beta_0 + \beta_1 \ln L_{it} + \beta_2 \ln K_{it} + \beta_3 t + 1/2\beta_4 (\ln K_{it})^2 + 1/2\beta_5 (\ln L_{it})^2 + 1/2\beta_6 t^2 + \beta_7 \ln K_{it} \ln L_{it} + \beta_8 t \ln L_{it} + \beta_9 t \ln K_{it} + v_{it} - u_{it}$$

$$u_{it} = \{u_{it} \exp[\eta(t - T)]\} \sim iidN^+(\mu, \sigma_u^2)$$

如果 $\beta_4 = \beta_5 = \beta_6 = \beta_7 = \beta_8 = \beta_9 = 0$，那么 Trans - log 退化成柯布—道格拉斯的生产函数形式。上式中，Y 为制造业上市公司的销售收入，L 为上市公司员工数量，K 为物质资本，我们进一步将其分为流动资本和固定资本，v_{it} 为随机扰动项，服从标准正态分布，u_{it} 为技术无效率项，服从零点截断的正态分布，η 为技术效率水平随时间变化的参数。

表 4 - 5 给出了按照两种方法估计上市公司效率值的基本结果。总体来说，两种方法基本变量的系数大小和显著性水平相差不大，这表明结果相对比较稳健。时间项的值为负，并且在 1% 的显著性水平

下显著，这表明制造业上市公司在样本期间内（2007—2014 年）生产效率略有下降。我们在柯布—道格拉斯（Cobb - Douglas）方程中同时检验了生产函数的规模效益，三个基本变量的系数值之和为 1.03，这说明生产函数大体规模效益不变或略有递增。

表 4-5　上市公司效率值的估计方程（Cobb - Douglas 和 Trans - Log）

变量	Cobb - Douglas	Trans - Log
ln_流动资产	0.586*** (0.009)	0.507*** (0.017)
ln_固定资产	0.228*** (0.007)	0.760*** (0.041)
ln_职工人数	0.217*** (0.009)	0.284*** (0.055)
时间	-0.020* (0.012)	-0.020* (0.011)
时间平方		-0.002 (0.001)
(ln_流动资产)平方		0.055*** (0.009)
$(\text{ln\_固定资产})^2$		0.112*** (0.007)
$(\text{ln\_职工人数})^2$		0.083*** (0.008)
ln_流动资产×ln_固定资产		-0.113*** (0.013)
ln_流动资产×ln_职工人数		0.000 (0.000)
ln_固定资产×ln_职工人数		-0.139*** (0.013)
常数项	1.563*** (0.440)	3.068*** (0.283)
N_g	1607	1607
样本数	9532	9532

注：括号内为估计系数的标准差，* 和 *** 分别表示在 10% 和 1% 的显著性水平下显著。

图 4 -4 为 2007—2014 年制造业上市公司效率值的年度变化。在样本期间，制造业上市公司的生产效率呈逐年略有上升的态势，并且每个年度公司之间的效率差异在逐渐缩小。前者是由于制造业生产效率提高，而后者有可能是由于制造业行业内竞争激烈，淘汰了一部分低效率的企业和工艺。值得注意的是，即便在 2008 年和 2009 年国际金融危机期间，生产效率也没有下降，说明国际金融危机所引发对于中国经济的冲击主要来自需求，而非生产方面，金融危机使欧美发达国家降低了对中国产品的消费，从而减少了出口需求。

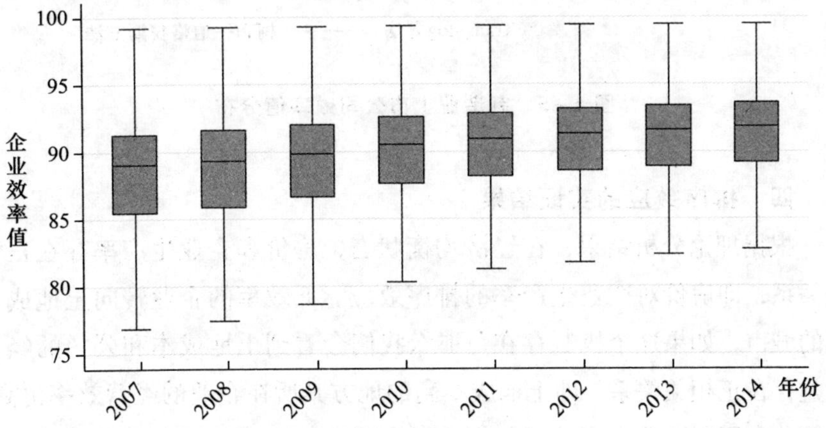

图 4 -4　制造业上市公司效率值的年度变化（2007—2014 年）

图 4 -5 给出了按两种方法计算的上市公司效率值分布。理论上说，按 Trans - log 方法加入了基本变量的二次项和交叉项以及时间项，相对于柯布—道格拉斯方法，估计出来的效率值会更为精确。由图 4 -5 可知，按 Trans - log 方法的结果和按柯布—道格拉斯方法从分布上非常接近，所以，后文以 Trans - log 方法为主。效率分布值大多数分布在 70%—100%，当然，有极少一部分公司的效率值特别低，甚至个别公司的效率值低于 40%，我们在后文的稳健性检验中会专门把这些异常值去掉，重新估计一遍主要的实证结果。

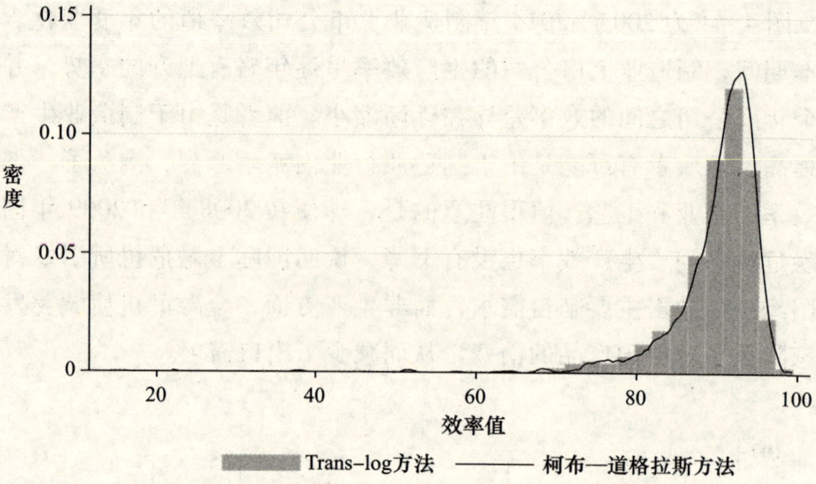

图4－5　制造业上市公司效率值分布

四　排序效应的实证结果

根据理论分析结果，在经济均衡状态，房价和企业生产率存在正相关关系，即房价对企业生产率的排序效应。低效率的企业转向土地成本低的城市，如果这个机制存在，那么我们会看到土地成本和公司的经营效益存在正相关关系，即土地成本高的地方其所在企业的经营效率也高。本部分利用制造业上市公司数据，考察制造业上市公司各生产性子公司加权平均地价与生产率关系，检验是否存在排序效应。

表4－6检验了制造业上市公司中子公司所在地平均工业用地出让价格与生产率之间的关系。根据我们的假说，如果存在排序效应，那么工业土地出让价格高的地方意味着当地公司的生产成本较高，只有那些生产率的公司才能在这些地方存活，所以，均衡的结果应该是工业土地出让价格和当地公司的生产效率成正比，即工业土地出让价格高的地方，当地公司的生产效率也会比较高。表4－6检验了这个假说。

4个模型中的被解释变量为前文所估计的制造业上市公司生产效率值，这个效率值是按照Trans－log方法估计的。由模型1到模型4，我们逐步增加了控制变量，其中模型4增加了行业_年份固定效应以控制某些行业在某些年份的冲击。由于当前制造业公司跨地域组织生产，所以，我们用生产型子公司所在地平均工业用地出让价格来表示公司实际负担的土地成本。在4个模型中，主要解释变量子公司所在地平均工业用地出让价格的系数均显著为正，但随着增加控制变量，系数值大幅变小。在模型4中，这一系数的值为0.012，这意味着经营性子公司平均工业出让土地价格每增加1万元，公司的生产效率提高0.012%，这说明排序效应虽然存在，但从经济影响的角度，其效应并不是特别大。

表4－6　制造业上市公司中子公司所在地平均工业用地出让价格与生产率关系

变量	模型1	模型2	模型3	模型4
子公司所在地平均工业用地出让价格	0.669***	0.433***	0.431***	0.012**
	(0.020)	(0.017)	(0.016)	(0.005)
log_资产规模（亿元）		0.791***	0.788***	0.004
		(0.013)	(0.013)	(0.005)
是否国有企业（1＝是；0＝否）			－0.965***	－0.100***
			(0.092)	(0.028)
企业年龄（年）				0.291***
				(0.007)
独立董事人数（人）				－0.012**
				(0.005)
常数项	89.582***	87.200***	87.513***	83.617***
	(0.143)	(0.147)	(0.149)	(0.579)
行业年份固定效应	不是	不是	不是	是
公司数量	1582	1582	1582	1582
样本数	9253	9253	9253	9184
R^2	0.131	0.430	0.435	0.957

注：括号内为估计系数的标准差，** 和 *** 分别表示在5%和1%的显著性水平下显著。

其他控制变量中，国有企业的经营效率明显低于民营企业的经营效率，这与刘瑞明和石磊（2010）的研究是一致的。老企业的经营效率高于年轻企业的经营效率。独立董事多的公司略低于独立董事少的公司。比较有意思的是，资产规模在模型2和模型3中是显著的，而在加入企业年龄后变得不显著。由于资产规模和企业年龄存在正相关关系，这实际上表明不是资产规模而是企业年龄会影响经营效率。

我们进一步考察了子公司平均工业用地出让价格与生产率的动态关系。表4－7中，从模型1到模型4，我们分别加入了当期、滞后一期、滞后二期、滞后三期的子公司平均工业用地出让价格。结果显示，在第一年到第三年中，子公司平均工业用地出让价格的排序效应逐年升高，从第一年的0.012%增加到第三年0.55%，这表明公司在土地价格变化后要重新谋划生产部门的布局，这需要一定的时间才能完成调整。在模型4中，滞后三期的子公司平均工业用地出让价格估计系数不显著，这意味着土地价格的排序效应到第四年就不发生作用了。

表4－7　子公司平均工业用地出让价格与生产率关系（动态效应）

变量	模型1	模型2	模型3	模型4
子公司所在地平均工业用地出让价格	0.012** (0.005)			
子公司所在地平均工业用地出让价格（滞后一期）		0.039*** (0.015)		
子公司所在地平均工业用地出让价格（滞后二期）			0.055** (0.027)	
子公司所在地平均工业用地出让价格（滞后三期）				0.035 (0.037)
log_资产规模（亿元）	0.004 (0.005)	0.003 (0.005)	-0.006 (0.005)	-0.010* (0.005)
是否国有企业（1=是；0=否）	-0.100*** (0.028)	-0.066** (0.033)	0.041 (0.049)	0.044 (0.069)
企业年龄（年）	0.291*** (0.007)	0.289*** (0.008)	0.283*** (0.009)	0.273*** (0.011)
独立董事人数（人）	-0.012** (0.005)	-0.005 (0.005)	0.001 (0.005)	-0.002 (0.006)

续表

变量	模型1	模型2	模型3	模型4
常数项	83.62***	86.72***	87.08***	86.22***
	(0.579)	(0.820)	(0.875)	(0.992)
行业_年份固定效应	是	是	是	是
公司数量	1582	1517	1462	1351
样本数	9184	7846	6368	4929
R^2	0.957	0.955	0.955	0.954

注：括号内为估计系数的标准差，*、** 和 *** 分别表示在10%、5%和1%的显著性水平下显著。

表4-8考察了在不同市场上发行的制造业上市公司中用地土地价格和生产率之间的关系。根据证监会的相关规定，中小企业板发行公司的市值相对主板市场要小一些，而创业板发行公司多为成长性较强的高科技公司。以下分别用深沪市主板、深市中小企业板和创业板制造业公司考察这一关系。在深沪市主板和深市中小企业板公司中，子公司所在地平均工业用地出让价格估计系数显著为正，而在创业板公司中，这一系数统计上不显著。这可能是由于创业板公司大多从事技术含量较高的制造业，这些公司大多为智力密集型，在资本构成中，大规模的机器和厂房的占比较低，对土地资源要素的依赖程度相应也比较低，所以，土地价格的排序效应在此无法发挥作用。

表4-8　　子公司所在地平均工业用地出让价格与生产率关系（按市场）

变量	深沪市主板	深市中小企业板	创业板
子公司所在地平均工业用地出让价格	0.023**	0.017**	0.007
	(0.009)	(0.007)	(0.006)
log_资产规模（亿元）	0.013**	-0.031***	0.045***
	(0.006)	(0.008)	(0.011)
是否国有企业（1=是；0=否）	-0.111***	-0.040	0.009
	(0.036)	(0.054)	(0.050)

续表

变量	深沪市主板	深市中小企业板	创业板
企业年龄（年）	0.382 ***	0.263 ***	0.169 ***
	(0.012)	(0.008)	(0.010)
独立董事人数（人）	-0.014 **	-0.009	0.010
	(0.007)	(0.008)	(0.009)
常数项	77.683 ***	83.159 ***	91.887 ***
	(1.129)	(0.850)	(0.495)
行业_年份固定效应	是	是	是
公司数量	758	563	261
样本数	5259	2948	977
R^2	0.956	0.970	0.978

注：括号内为估计系数的标准差，** 和 *** 分别表示在5% 和1% 的显著性水平下显著。

由于不同所有人的公司经营目标有所差异，表4－9 考察了不同股权结构的制造业上市公司中用地土地价格和生产率的关系。根据林毅夫（2004）国有企业要承担一定的政策性负担，经营目标并不仅仅利润最大化。我们按照第一大股东的来源，把制造业上市公司分为国务院国有资产管理委员会控制企业（以下简称央企）、地方国有资产管理委员会控制企业（以下简称地方国企）和民营企业三类。由表4－9 可知，在第一列央企模型中，子公司所在地平均工业用地出让价格估计系数统计上不显著，即土地价格无法发挥排序效应。这与杨瑞龙等（2013）的研究是一致的，即央企一类承担了政治、社会和经济多重责任的特殊企业，央企领导更重视政治晋升而非经济利益，因而央企选择生产企业地址的时候会综合考虑经济等多方面因素，比如此类企业比较喜欢靠近区域性政治中心，而并不单纯考虑土地价格可能导致的成本负担。而对于地方国企和民营企业，子公司所在地平均工业用地出让价格估计系数统计上显著都为正，即土地价格有效地发挥了对企业布局的排序作用。有意思的是，地方国企的子公司所在地平均工业用地出让价格估计系数是民营企业的 3 倍（0.045 与

0.014）。这可能说明，经过20世纪90年代以来多轮国有企业体制改革以后，地方国企的市场化程度有所提高，所以，对土地价格的成本敏感性相对较高。

表4－9　制造业上市公司中子公司所在地平均工业用地出让价格与生产率关系（按企业所有权）

变量	央企	地方国企	民营企业
子公司所在地平均工业用地出让价格	0.018	0.045***	0.014**
	(0.016)	(0.016)	(0.006)
Log_资产规模（亿元）	－0.013	－0.020**	0.015**
	(0.013)	(0.010)	(0.006)
企业年龄（年）	－0.156	0.382***	0.287***
	(0.128)	(0.022)	(0.007)
独立董事人数（人）	－0.037***	0.004	－0.004
	(0.012)	(0.010)	(0.007)
常数项	94.130***	78.123***	84.240***
	(5.177)	(1.673)	(0.592)
行业_年份固定效应	是	是	是
公司数量	187	298	1017
样本数	1326	2119	5309
R^2	0.968	0.963	0.956

注：括号内为估计系数的标准差，** 和 *** 分别表示在5%和1%的显著性水平下显著。

为了考察结果的稳健性，我们进一步用三年移动平均的制造业上市公司中子公司所在地平均工业用地出让价格，分别对按两种方法计算公司的生产效率值进行回归。回归结果显示，主要解释变量三年移动平均的子公司所在地平均工业用地出让价格显著性没有发生变化，但其值的大小在两个模型中差异较大，在柯布—道格拉斯模型中，其值是0.001%，而在Trans－log模型中却为0.025%。在这两个回归中，我们均控制了行业_年份固定效应（见表4－10）。

表 4-10 制造业上市公司中三年移动平均的子公司所在地平均工业用地出让价格与生产率关系

变量	柯布—道格拉斯模型	Trans-log 模型
子公司所在地平均工业用地出让价格（三年移动平均）	0.001***	0.025***
	(0.000)	(0.008)
log_资产规模（亿元）	0.000	0.005
	(0.000)	(0.005)
是否国有企业（1=是；0=否）	-0.003***	-0.087***
	(0.001)	(0.028)
企业年龄（年）	0.011***	0.294***
	(0.000)	(0.007)
独立董事人数（人）	-0.000**	-0.010**
	(0.000)	(0.005)
常数项	87.48***	83.58***
	(0.531)	(0.578)
行业_年份固定效应	是	是
公司数量	1582	1582
样本数	9434	9434
R^2	0.954	0.957

注：括号内为估计系数的标准差，** 和 *** 分别表示在 5% 和 1% 的显著性水平下显著。

五 结论和建议

基于梅利茨（2003）、鲍德温（2006）和奥塔维亚诺（2011）等对异质性企业空间分布的研究，本部分讨论了土地价格上涨的排序效应。那些生产率低的子公司最容易受土地价格上涨的影响，而向低土地价格城市转移。由此形成这样一个均衡：高生产率的子公司位于高土地价格城市，而生产率相对较低的子公司则位于低土地价格城市，即生产率和城市土地价格呈正相关关系。

实证分析表明，子公司所在地平均工业用地出让价格的系数均显著为正，这意味着平均工业出让土地价格每增加 1 万元，公司的生产效率提高 0.012%，这证明了排序效应的存在。同时，从第一年到第三年，子公司平均工业用地出让价格的排序效应逐年升高，而到第四年则逐步消失。

第五章　土地资源配置的产业转型升级效应

实现产业转型升级是当前中国经济可持续发展所面临的重要任务。已有研究多基于发达经济体，探讨技术进步和产品需求影响产业结构变迁的规律。本章从土地作为一类重要生产要素的角度出发，讨论土地等各类成本上升是否对产业转型升级形成“倒逼”机制。

第一节　经济发展与产业转型升级

产业结构一般是指各部门产值在国内总产值的比重或者各部门就业占总就业的比重，是衡量一个国家和地区经济发展水平的重要尺度。一个国家的产业结构如果合理，不仅能充分发挥本国的经济发展优势，而且还有利于国民经济各部门之间的协调发展。然而，目前大部分针对产业结构的研究主要集中在经济总量分析的层面上，对产业结构之间的变化却不太重视。具体到中国，改革开放以来，中国经济总量虽然经历了30多年的高速增长期，创造了所谓的“中国奇迹”。但是，“中国式赶超”所引发的结构性矛盾却不断累积，使未来发展的可持续性备受国内外各界人士质疑。如环境污染、土地和劳动力成本上升，以及不时爆发的“民工荒”等问题已经表明，单纯粗放扩张的增长模式已经难以为继。如何解决这些深层次问题以确保中国经济健康稳健的发展呢？显然，实现产业转型升级是未来经济转入“新常态”中高速增长前提下的必然选择。

对照各国工业化进程的历史经验，可以清晰地看出中国产业发展所处的阶段和面临的主要任务。各国经济表明，随着人均GDP的不断增长，农业劳动力占总就业的比重以及农业产出对 GDP 的贡献程度就会逐步降低。与之相应，经济增长会促使农业劳动力会向制造业和服务业转移。另外，人均 GDP 水平越高，服务业劳动力占总就业的比重以及产出对 GDP 的贡献也就越高。就工业自身演进的规律而言，工业本身表现出“工业化”和“去工业化”两个阶段，即工业劳动力占总就业的比重以及工业产出对 GDP 的贡献率会随着人均 GDP 的增长先上升后下降。由此判断，中国经济已经进入中低速增长期的所谓“新常态”，面临的主要问题是处理好“工业化”阶段向“去工业化”阶段过渡的结构转型问题。

已有研究多沿袭西方学者解释发达国家结构变化的思路，其基本思想是：技术变化及其产品需要引发生产要素在不同部门之间配置，即在经济发展不同阶段，不同部门技术进步率的差异引发了生产要素在部门间的流入和流出，进而引发了产业结构的变迁。陈晓光和龚六堂（2005）、陈体标（2005）和徐朝阳（2010）等均可归于这一类。诚然，这些理论在解释长期产业结构变迁方面有其长处，然而，这些研究都忽视了中国经济粗放增长这一基本事实，因而在解释中国当前阶段的转型升级时明显出现了“水土不服”的现象。另外，这些研究多使用校准模拟方法，缺少相应的实证经验证据支持。与着眼于产品需求的研究不同，本部分试图从实证角度讨论环境、土地和劳动力成本上升对转型升级，即所谓转型升级“倒逼”机制的作用。

现有研究大多关注政府在转型升级中的作用。如徐朝阳研究发现，政府偏离要素禀赋结构优先发展重工业，是导致中国资源配置扭曲的重要原因（徐朝阳，2010）。然而，在中国经济已经高度市场化的今天，忽视市场机制对产业转型升级的作用是没有道理的。此外，即便政府在试图发挥其对转型升级的主导作用，但毫无疑问，这些宏观调控活动也要遵守市场自身的发展规律。所谓的转型升级，实质上是实现生产要素在不同部门的重新配置，而价格机制是实现这一配置的重要手段。以土地出让为例，政府如果执行严格的土地出让政策和较高的工业用地出让价格，会降低用地效率低行业的相对收益，“倒逼”生产要素转向其他部门，而如果政府执行宽松的土地出让政策和较低的工业用地出让价格，这一“倒逼”机制就完全没有作用。现有研究大多限于理论探讨，尚没有从实证角度讨论以下问题：中国“倒逼”产业转型升级机制是否已经形成？这一机制是依赖市场还是依赖政府发挥作用呢？本章试图回答这两个问题，并从以下两个方面扩展已有研究：一是引入空间计量模型，力求得到一致的估计量，从实证上检验产业转型升级的“倒逼”机制是否存在；二是进一步将产业转型升级的“倒逼”机制细化为环境压力、劳动力成本和土地约束三个方面，检验究竟哪个机制真正有助于转型。

关于三个部门的产业结构变迁，陈体标等（2007，2008）强调替代弹性对于产业结构变迁的影响。戈林等（Gollin et al.，2002）以及陈晓光和龚六堂（2005）等则强调恩格尔法则的作用，认为生产高收入弹性产品部门会因收入增长而实现规模的快速扩张。徐朝阳（2010）认为，技术进步速度和资本密集程度决定了产出增长速度，而产出增长速度决定了部门之间的生产要素配置。在产品互相替代的条件下，工业部门既能够吸引农业部门的生产要素流入，又实现了向第三产业部门的生产要素流出，从而能够解释工业部门先上升后下降的倒“U”形结构变迁过程。徐朝阳和林毅夫（2010）则进一步指出，政府偏离要素禀赋结构将导致资源配置的扭曲和经济发展的低效，所以，经济发展的核心问题是着力于要素禀赋结构升级。

许多学者还从三次产业的关系出发，考察了产业结构改革和要素重置对增长和生产率的影响，这些讨论产业结构对经济增长的作用的研究关注产业结构转型所带来的“红利”释放（Fan Shenggen，2003；Bhaumik，2007；Gong Gang，2008）。萨克斯（Sachs，1994）对比中国和俄罗斯的发展过程，发现中国落后产业结构的迅速转型是中国经济高速增长的核心驱动力。但也有研究发现，“结构红利”随着改革的推进而逐步减弱（Sachs，1994；刘伟，2008；干春晖，2009）。张军（2009）等则进一步考察了中国工业内部的结构改革及其结构调整如何影响中国工业增长。干春晖（2011）等将产业结构变迁分为产业结构合理化和产业结构高级化两个方面，发现产业结构的合理化和高级化主要影响周期性经济波动。

第二节　土地资源配置的产业转型升级效应的理论机制

一　理论假说

从理论上说，产业转型升级的“倒逼”机制有赖于劳动力价格、土地和环境保护三个因素发挥作用。自改革开放以来，劳动力价格（工资）上涨的趋势不可逆转，前些年长三角和珠三角所爆发的“民工荒”即是明证。土地对工业产业的制约作用也不可忽视，从总量上看，中国有18亿亩耕地这一红线，按照年度开发计划，各地能够得到的土地开发利用指标受到严格控制，即有些学者提出的所谓“地根”收紧。随着经济发展水平提高，环境保护压力也越来越大，特别在2005年中国承诺碳减排后，这些减排指标相应分解到各个地方，成为工业发展的重要制约因素。张军等（2009）研究发现，2000年后要素市场发展无法有效地配置重要资源，以高能耗、高污染为特征的重化工业化带来长期的不利影响。无论是劳动力价格，还是土地或环境的“倒逼”，其结果都是促进生产要素在部门之间的重新分配，特别会导致资源由附加值较低的第二产业向附加值相对较高的第三产业转移，形成第三产业的产出和规模较快增长。高玲玲（2015）也发现，商品房销售价格的上涨降低工业增加值占GDP比重。

假说5－1：如果“倒逼”机制已经形成，那么对于那些土地和劳动力成本较高、环保压力较大的地市，其工业部门生产要素势必会流出而导致增长率受抑制，同时第三产业由于生产要素流入而增长率会相对较高。

图5－1和图5－2分别列出了2000—2011年发达地区和欠发达地区的工业和第三产业增长率。从产业结构和发展阶段的变化可以看出，中国发达地区已经跨过经济高速度增长的工业化阶段，进入了经济发展速度较为平缓的工业化后期阶段。总体上看，发达地区在2007年左右出现了一个拐点，工业产业增长由此转入下降轨道，而第三产

业增长率步入上升通道。然而，对于欠发达地区，即便在2007年后，工业产值仍然在促进地区GDP增长中处于主导地位，第三产业作用相对次要。由此可以判断，如果“倒逼”机制已经形成，那么其发挥作用大体也要在2007年以后，本书将分别使用2007年前后的数据验证这一判断。

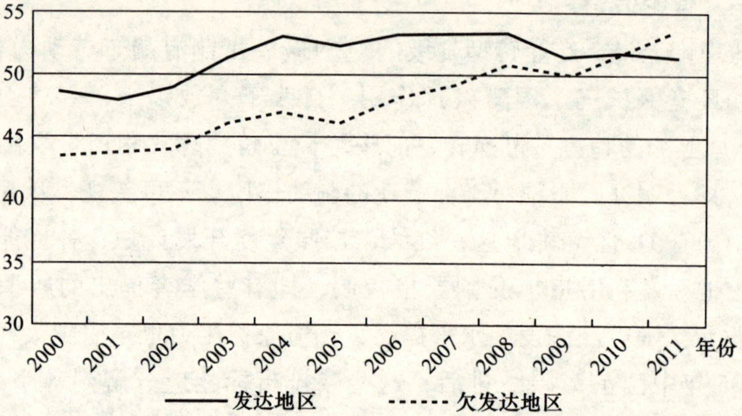

图5-1　发达地区和欠发达地区工业产值增长率（2000—2011年）

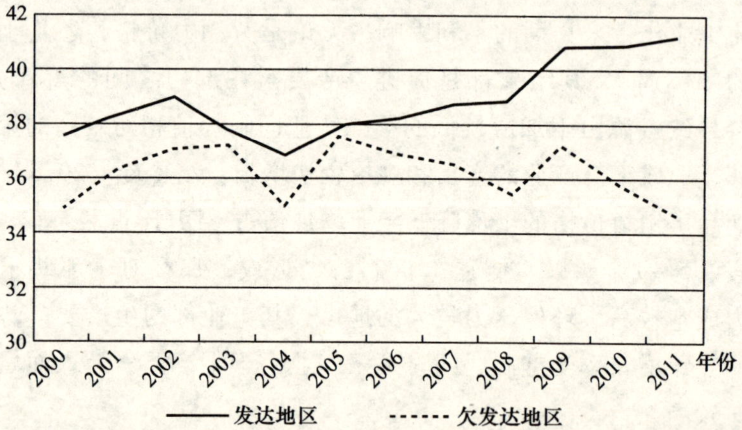

图5-2　发达地区和欠发达地区第三产业产值增长率（2000—2011年）

从地区来看，东部沿海地区已经接近中等发达国家的经济水平，中部地区也已经处在工业化的中后期。王金照（2010）基于跨国数据的比较研究发现，2008年中国第二产业占GDP的比重已经高于发达国家（亚洲包括日本、韩国等工业化国家）经济发展过程中的历史最高点。发达地区无论在资本深化程度（资本密集使用程度）上还是在资本的产出和配置效率上，都要高于欠发达地区。因此，“倒逼”机制在这两类地区发挥作用所产生的效应会强于西部地区。我们由此提出第二个假说。

假说5-2：“倒逼”机制在经济发达地区所产生的效应要强于其在欠发达地区的效应，即发达地区工业增长率相对受到更强的抑制，而第三产业增长率相对得到更强的促进。

二 数据和实证模型

本部分选取2000—2011年国内255个地级市构成的面板数据，除下文明确说明来源的数据外，其他数据均取自《中国区域经济年鉴》与《中国城市统计年鉴》。年鉴包含近300个地级市的各类经济指标，我们删除了以下两类城市：一是某个数据在2000—2011年间连续多年缺失的城市；二是属于西藏和青海两个省份的城市。为了防止异常值的干扰，我们还依照文献惯例对数据进行了Winsorize处理，即将每个变量在全部样本分布两端各1%的数据值分别重设为1%和99%分位数上的值。

工业增长率和第三产业增长率。这两个增长率为相应期间的年平均增长率，计算所使用工业总产值和第三产业总产值均数据来源于中经网统计数据库，其中，个别年度缺失的数据采用了相邻年份的均值替代。

人均工业产值和在岗职工平均工资由相应总额指标除以总人口或在职职工人数得到。GDP密度将GDP总量除以地市建成品面积而得。每万元GDP工业废水排放量直接取自年鉴数据。

土地出让价格。该数据来自中国土地市场网，中国土地市场网公示了自2007年以来包括工业用地在内的每一宗经营性用地的出让数据。以地级市工业用地出让面积为权重计算出加权土地出让价格，作为测度“地根”松紧程度的代理变量。

参照巴罗（2000）等经典经济增长的实证模型，我们构建了双向固定效应模型如下：

$$grth_{it} = \alpha_0 + \alpha \times M + \beta \times X + W_i + \delta_t + \varepsilon_{it} \quad (5.1)$$

式中，下标 i 与 t 分别代表地级市与年份，W_i 表示不随时间变化的个体固定效应，δ_t 表示时间固定效应，$grth_{it}$表示 i 市第 t 年的工业（或第三产业）的增长速度。方程右边的解释变量中，M 为本部分重点所考察测度倒逼机制的三个变量，包括在岗职工平均工资、万元 GDP 工业废水排放量和加权土地出让价格，分别表示劳动力成本、环境规制和土地约束的倒逼效应。X 为一组控制变量，包括省份虚拟变量，我们还特别加入基年人均工业产值这一变量以控制初始工业化水平。

这个模型在识别时会遇到以下两个问题。一个问题是“倒逼”机制使用的三个代理变量所表示的含义。根据徐朝阳（2010）、陈晓光（2008）和龚六堂以及陈体标等（2005）研究，技术进步和需求弹性都可能引发转型升级。而本部分所用劳动力成本、环境规制和土地约束包含生产与需求两方面的信息。以劳动力成本为例，如果劳动力成本对工业（或第三产业）增长率回归系数是显著的，那么一方面可以从生产的角度理解为工业成本上升“倒逼”产业升级，另一方面也可以从需求的角度，理解为人均收入增长改变了对工业品和服务之间的相对需求弹性而引致产业升级。为了排除后一个机制，回归中引入基年人均工业产值变量控制需求弹性。

另一个是“倒逼”机制三个代理变量和工业（或第三产业）增长率之间双向因果关系所产生的内生性问题。到底是工业发展促发了劳动力成本上升，还是劳动力成本上升引发了产业升级呢？为了解决这个互为因果可能引发的内生性问题，回归中所使用的核心解释变量全部使用基年的指标值。此外，如果是工业发展引发了劳动力成本上升的机制，那么劳动力成本与工业增长率为正相关，而如果劳动力成本上升引发了产业升级，那么两者则为负相关关系。所以，从识别角度来看，此处双向因果关系所产生的内生性问题的严重性也会大大减弱。

由于工业增长存在显著的空间自相关，为了得到对基准模型的一致估计，本部分进一步引入了空间计量模型。空间计量模型通过引入空间权重矩阵，可以用二元对称性空间权重矩阵 W(nxn)表示 n 个位置的空间邻近关系，矩阵的元素值通常根据邻接标准或距离标准来度量。在实际应用中，学者大多根据研究目的和研究问题对应的特定空间作用机制来设定相应的空间权重矩阵元素。在本部分，我们参照 Bavaud（1998）和 Yu（2014）等使用的空间权重矩阵构建方法，构建了 0—1 空间权重矩阵。根据 Yu 等的研究，中国省份内部地市间存地方官员进行一定程度的“锦标赛”竞争，因而省份内部地市之间的工业增长存在较强的空间自相关关系。由此，如果两个地市处于同一省份内并且邻接，则对应权重元素值为 1；否则对应权重元素值为 0。空间权重矩阵经标准化后其各行元素之和为 1。

$$W_{ij} = \begin{cases} 1 & \text{如果 } i \text{ 和 } j \text{ 在同一省份且相邻} \\ 0 & \text{否则} \end{cases} \tag{5.2}$$

空间计量模型思想主要考虑被解释变量的空间溢出效应，包括空间滞后模型（Spatial Lag Model，SLM）与空间误差模型（Spatial Error Model，SEM）两类，潘文卿（2010）运用 SLM 与 SEM 模型，分析了中国区域经济的俱乐部收敛特征。本部分参照运用了相同的方法。

第三节 土地资源配置的产业效应：实证结果

表 5 - 1 实证检验了“倒逼”机制的三个方面对工业及第三产业增长的作用。总体上看，“倒逼”机制在 2007 年以后对工业增长发生了一定的作用。这主要体现在两个方面：一方面，工业增长出现一定程度的收敛，即人均工业产值高的地市增长率较低；另一方面，体现在劳动力成本的“倒逼”效应上。如果一个地市在岗职工平均工资每提高 1000 元，那么其工业产值增长率会相应地降低约 0.38%。而环境保护和土地则并未形成对工业增长的有效倒逼，万元 GDP 工业废水排放量和加权土地出让价格这两个变量在统计上都不显著。

环境规制未能形成有效的“倒逼”机制，这与肖兴志和李少林（2013）的研究结果并不一致，他们对省际面板数据的分析发现，环境规制主要通过需求、技术创新和国际贸易传导机制三种途径影响产业升级，中国总体环境规制强度对产业升级的方向和路径产生了积极作用。本书研究表明，这一效应在地市层面并不存在。可能的原因是在地市层面，中国环境规制实际强度总体相对宽松，以 GDP 为核心指标的领导政绩考核机制往往忽视环境保护，造成部分地区环境保护仍然存在执法不严的问题。这一实证结果具有很强的政策含义。未来应当进一步提升环境规制强度，严格对污染严重的企业进行监管，才能切实有效地发挥环境规制“倒逼”型产业升级的作用。

表 5－1 “倒逼”机制对工业及第三产业的效应（2007—2011 年）

变量	工业产值增长率		第三产业增长率	
	不控制	省份固定效应	不控制	省份固定效应
2007 年人均工业产值（万元/人）	－0.310*** （－3.062）	－0.229** （－2.473）	－0.130** （－2.232）	－0.118** （－2.265）
2007 年在岗职工平均工资（千元）	－0.380*** （－3.158）	－0.385*** （－3.194）	0.101 （1.463）	0.007 （0.099）
2007 年 GDP 密度（亿元/平方公里）	－0.106 （－1.311）	－0.019 （－0.250）	0.071 （1.531）	0.050 （1.134）
2007 年每万元 GDP 工业废水排放量（吨）	－0.009 （－0.328）	－0.022 （－0.940）	0.002 （0.138）	0.006 （0.438）
2007 年加权土地出让价格（百万元/公顷）	－0.005 （－1.300）	－0.001 （－0.120）	0.009*** （3.614）	0.009*** （3.682）
常数项	31.659*** （12.104）	31.968*** （10.024）	13.755*** （9.144）	10.086*** （5.619）
省份固定效应	否	是	否	是
样本数	253	253	253	253
R^2	0.184	0.516	0.072	0.472

注：括号内为 t 值，** 和 *** 分别表示在 5% 和 1% 的显著性水平下显著。

然而，有意思的是，尽管土地价格并未对工业增长发挥有效的“倒逼”作用，但是，土地价格上升却有助于第三产业快速增长。这证实了上文所分析的逻辑，土地价格上升使收益较低的工业生产让位于收益较高的第三产业，实现了生产要素向第三产业的转移。不过，从经济的角度看，土地约束对第三产业增长率的影响是非常有限的，土地价格每公顷上升 100 万元，第三产业增长率仅上升 0.9%，说明这一促进机制并未完全形成。土地价格无法形成“倒逼”效应主要原因是土地出让制度执行不力。已有文献从地方政府激励的角度出发，发现中国地方官员面临财政和政治的双重激励，倾向于大搞“土地财政”，导致土地利用效率和配置效率偏低（陶然等，2007）。张莉等（2013）利用1999—2007 年省际层面的土地违法案件样本，甚至发现地方官员合谋（或与企业合谋）违法出让土地以牟取私利的现象。

对比劳动力成本和环境以及土地约束机制，不难发现，前者主要依靠市场力量自发地实现生产要素配置，而后者不论是环境还是土地，之所以能够切实地实现对工业增长的约束，在很大程度上需要政府发挥作用。实证数据表明，市场力量在本轮产业结构调整中发挥的作用大于政府。宋凌云等（2012）研究发现，官员可以在短期内引领产业结构变动，但在长期主要靠能够实现有效资源配置的市场主导。本书结论与之完全一致。这也从一个侧面支持了中央在十八届三中全会后切实提高治理能力的正确性，处理好政府与市场之间的关系是未来经济转型的关键。

表5－2 显示了空间计量模型中的结果。如果仍采用普通最小二乘法（OLS）估计空间计量模型，则会造成系数估计值有偏或无效，所以，本部分采用了极大似然法（MLE）来估计。无论是空间滞后模型，还是空间误差模型，工业增长率回归中 Lambda 在统计上都是显著的，说明工业发展在地市层面上存在一定的空间相关性。两个模型对照可以发现，空间滞后模型和空间误差模型回归结果大体一致，只是在个别系数的显著性上略有差异。在岗职工平均工资对工业增长的抑制效应在两个模型中仍然存在，只不过在空间滞后模型中，在岗职工平均工资对第三产业的促进作用是显著的，而在空间误差模型中则变得不显著。土地成本对第三产业的积极作用在两个空间模型中也都是显著的，但影响系数下降的幅度较大，从 0.009% 下降为 0.003%。

表5－2 “倒逼”机制对工业及第三产业的效应（空间计量模型）

变量	空间滞后模型		空间误差模型	
	工业产值增长率	第三产业增长率	工业产值增长率	第三产业增长率
2007年人均工业产值（万元/人）	－0.367***	－0.140**	－0.369***	－0.186***
	（－3.853）	（－2.368）	（－3.706）	（－2.786）
2007年在岗职工平均工资（千元）	－0.313***	0.102	－0.309**	0.178**
	（－2.748）	（1.481）	（－2.447）	（2.030）
2007年GDP密度（亿元/平方公里）	－0.087	0.056	－0.079	0.064
	（－1.157）	（1.196）	（－0.980）	（1.351）
2007年每万元GDP工业废水排放量（吨）	－0.043	－0.006	－0.037	0.004
	（－0.812）	（－0.182）	（－0.686）	（0.113）
2007年加权土地出让价格（百万元/公顷）	－0.000	0.003***	－0.000	0.003***
	（－0.111）	（3.717）	（－0.303）	（3.817）
常数项	25.227***	13.238***	27.088***	11.124***
	（8.808）	（7.891）	（8.205）	（4.902）
Lambda	0.022***	0.005	0.010**	0.012*
	（4.501）	（1.326）	（2.387）	（1.878）
样本数	253	253	253	253

注：括号内为t值，*、**和***分别表示在10%、5%和1%的显著性水平下显著。

为了验证假说5－2，我们单独对发达地区的数据进行了回归，表5－3显示了这一结果。劳动力成本对工业产值的抑制效应略有上升，加权土地出让价格系数为－0.324。这部分证实了假说5－2，即发达地区抑制的“倒逼”机制相对更为有效。但是，土地成本对第三产业的增长效应并没有明显增高，表明土地成本上升的效果可能是仅仅将高污染和高能耗产业转移出发达地区，而并不能有效地促进这些地区新兴产业的发展。也就是说，土地成本仅仅发挥了对工业的“转移效应”，而没有促进第三产业增长的“培育”效应。

表 5 - 3　　“倒逼”机制对工业及第三产业的效应（发达地区）

变量	空间滞后模型		空间误差模型	
	工业产值增长率	第三产业增长率	工业产值增长率	第三产业增长率
2007 年人均工业产值（万元/人）	-0.386 ***	-0.157 **	-0.336 ***	-0.218 ***
	(-3.648)	(-2.515)	(-3.046)	(-3.289)
2007 年在岗职工平均工资（千元）	-0.324 **	0.114	-0.368 ***	0.242 ***
	(-2.564)	(1.580)	(-2.830)	(2.623)
2007 年 GDP 密度（亿元/平方千米）	-0.084	0.048	-0.116	0.065
	(-0.953)	(0.960)	(-1.304)	(1.251)
2007 年每万元 GDP 工业废水排放量（吨）	-0.046	-0.001	-0.050	0.016
	(-0.814)	(-0.018)	(-0.867)	(0.490)
2007 年加权土地出让价格（百万元/公顷）	-0.000	0.003 ***	-0.001	0.003 ***
	(-0.289)	(4.079)	(-0.831)	(4.197)
常数项	26.927 ***	11.474 ***	32.718 ***	8.400 ***
	(7.683)	(6.482)	(8.884)	(3.746)
Rho/Lambda	0.017 **	0.013 ***	-0.001	0.023 ***
	(2.299)	(2.753)	(-0.242)	(3.095)
样本数	203	203	203	203

注：括号内为 t 值，** 和 *** 分别表示在 5% 和 1% 的显著性水平下显著。

发达地区在 2007 年后进入了产业结构转型期，而欠发达地区则远远没有完成工业化进程，因而欠发达地区应该不存在“倒逼”机制。表 5 - 4 显示了欠发达地区的回归结果，“倒逼”机制所有三个方面的变量统计上都不显著。无论是对工业增长的抑制，还是对第三产业增长的促进，这两类影响机制都没有形成。这表明“倒逼”机制是在经济发展到“去工业化”阶段才能发生的事情，从侧面佐证了“倒逼”机制逻辑的正确性。

表5－4　“倒逼”机制对工业及第三产业的效应（欠发达地区）

变量	空间滞后模型		空间误差模型	
	工业产值增长率	第三产业增长率	工业产值增长率	第三产业增长率
2007年人均工业产值（万元/人）	－0.229 （－1.010）	－0.262 （－1.547）	－0.228 （－1.001）	－0.246 （－1.471）
2007年在岗职工平均工资（千元）	－0.156 （－0.577）	－0.149 （－0.736）	－0.118 （－0.447）	－0.224 （－1.130）
2007年GDP密度（亿元/平方千米）	－0.216 （－1.372）	0.102 （0.871）	－0.206 （－1.305）	0.080 （0.716）
2007年每万元GDP工业废水排放量（吨）	－0.067 （－0.441）	0.020 （0.176）	－0.071 （－0.469）	0.017 （0.155）
2007年加权土地出让价格（百万元/公顷）	0.039 （1.182）	－0.016 （－0.647）	0.039 （1.208）	－0.018 （－0.753）
常数项	19.17*** （2.818）	23.47*** （4.459）	18.436*** （2.893）	25.234*** （4.957）
Rho/Lambda	0.026*** （4.452）	－0.021** （－2.281）	0.024*** （3.250）	－0.018** （－2.379）
样本数	50	50	50	50

注：括号内为t值，**和***分别表示在5%和1%的显著性水平下显著。

为了进一步稳健性检验，我们又对2000—2006年的数据进行了同样的回归。遗憾的是，由于数据缺失比较严重，我们只找到在岗职工平均工资和建成区面积平均增长率两个变量，分别代理劳动力成本上升和土地约束这两方面的“倒逼”机制。由表5－5可知，“倒逼”机制完全没有产生对工业增长的抑制作用，在岗职工平均工资与工业产值增长率呈正相关关系，即在岗职工平均工资高的地市，其工业产值增长率也高。

表 5-5 “倒逼机制”对工业及第三产业的效应（2000—2006 年）

变量	工业产值增长率		第三产业增长率	
2000 年人均工业产值（万元/人）	-1.973 *** (-4.252)	-2.014 *** (-4.276)	-0.154 (-0.764)	-0.310 * (-1.890)
2000 年在岗职工平均工资（千元）	1.141 *** (3.030)	1.343 *** (2.816)	0.104 (0.636)	0.380 ** (2.288)
2000—2006 年建成区面积平均增长率（%）	13.631 (1.238)	15.841 (1.426)	6.640 (1.386)	3.199 (0.828)
常数项	9.416 *** (3.132)	5.059 (1.266)	12.970 *** (9.910)	12.703 *** (9.146)
省份固定效应	否	是	否	是
样本数	253	253	253	253
R^2	0.085	0.342	0.013	0.547

注：括号内为 t 值，*、** 和 *** 分别表示在 10%、5% 和 1% 的显著性水平下显著。

第四节 结论与建议

实现产业转型升级是当前中国经济可持续发展所面临的重要任务。已有研究大多基于发达经济体的现状，探讨技术进步和产品需求影响产业结构变迁的规律，从土地作为一类重要生产要素的角度出发，本章讨论各类成本上升是否对产业转型升级形成“倒逼”机制。研究发现，市场力量主导所形成的“倒逼”效应强于政府主导的机制，劳动力成本上升对工业增长的抑制效应和对第三产业的促进效应同时并存，而依靠政府发挥作用的环境规制和土地约束并未形成有效的“倒逼”机制。

为了进一步完善“倒逼”机制，通过市场力量和政府力量实现转型，还需要加强以下三个方面的工作：

第一，进一步完善资源性产品价格形成机制。为避免廉价的资源价格助长企业依靠“低盈利—规模扩张”模式生存和发展，促进要素投入结构调整和优化，应当加强资源性产品的价格形成体制改革，健全资源有偿使用制度，提高各类生产要素的价格和相应的资源税费，发挥税收的级差调节作用。同时，下调甚至取消某些高能耗、高污染、劳动密集型产品的出口退税，对那些“两高一资”（高耗能、高污染和资源性）生产企业形成严厉的约束和压力，迫使其加快转型升级步伐。

第二，注重“升级”与“转移”结合。在发达地区，统筹规划与合理布局兼顾，重视城市更新与发展，为产业转型升级提供载体。通过建设“倒逼”机制，提高土地空间集约节约利用水平，为战略性新兴产业培育发展腾出用地空间，以更高层次的产业形态促进产业升级。

第三，在政策制定上应建立退出与进入双通道。通过财政补偿、差别电价、阶梯水价、提高环保排污门槛等政策措施，引导过剩产能有序退出。同时，支持、鼓励企业发展替代产业，把化解产能过剩与培育新兴产业结合起来，推动腾出来的要素向高端产业聚集发展。

第六章　土地资源配置的财政和税收效应

土地资源已经成为地方政府财政收入来源的重要组成，形成中国特色的土地财政问题。1994 年分税制改革后形成的财政集权为土地财政奠定了制度性基础，而降低由于财权和事权不对称形成的财政收支缺口则是地方政府大搞土地财政的一个重要动因。本章验证住宅用地、商业用地和工业用地在土地财政机制中发挥的不同作用，并讨论了土地财政对地方税收负担的效应。

第一节　土地财政的形成

土地财政已经成为中国经济转型发展中的重要问题。根据国土资源部的数据，2013 年，全国土地出让收入总额达到了 4.1 万亿元，而 2014 年第一季度国有土地使用权出让收入和地方本级财政收入分别为 1.08 万亿元和 1.95 万亿元，两者的比重达到 1∶1.7。地方政府过度依赖土地出让收入这一“第二财政”是造成宏观经济风险增加和部分部门产能过剩的重要原因。

由于各个地市为经济增长而展开激烈的区域竞争，引致了诸如产能过剩、资源浪费等一系列问题，在此背景下，土地供给也成为地方政府展开竞争的重要手段（周黎安，2007；陶然等，2009）。中国城乡二元土地结构决定了地方政府在很大程度上垄断土地。一方面，地方政府会压低工业用地价格来吸引投资；另一方面，也需要大力推进基础设施投资来改善投资环境。在一定时期内，地方政府进行基础设施建设所需要的资金可以向银行融资，但是，这些融资要求土地抵押和财政担保，最终只能依靠高价出让商住用地来保障。范剑勇和莫家伟（2014）发现，地方债务对地区工业产出的增长发挥杠杆作用的两个重要渠道：通过工业土地市场和基础设施建设两方面增强地区间的引资力度。由地方债务推动的工业增长可持续很差。对禀赋较差地区，地方举债吸引工业投资和人口注入的能力较弱，城市商住用地价值上升速度太慢造成偿付历史债务困难；对于禀赋较好的地区，土地资源过度配置到工业部门导致商住用地紧缺，继而产生商住地价和房价快速上涨等民生问题。另外，地方政府还通过融资平台公司以土地抵押方式从银行融资，形成所谓的“土地银行”。截至2014年年底，全国84个重点城市通过抵押贷款总额达到9.51亿元（参见《2014年中国国土资源公报》）。

1994年分税制改革后形成的财政集权是土地财政的制度性基础。地方政府由于承担的大量支出压力而最大化其财政收入。由于面临资本要素流动、制造业和服务业的产业关联及其地方政府对土地市场的垄断等约束条件，地方政府的竞争策略是通过横向竞争资本来大力发展制造业。由于制造业通过产业关联可以产生对于商业和房地产等服务业的溢出效应，这些产业的发展和土地市场的垄断使高地价成为可能，所以，制造业的快速发展对于地方政府来说可谓一举两得，不仅带来了增值税和企业所得税等直接收益，还带来了营业税和土地出让收入等间接收益。由此，可以解释地方政府为什么热衷于发展制造业和制造业通过“溢出效应”而带动土地出让金的增长的机制（Su et al.，2012；张军，2012；Zhang，2012）。

保持财政收支平衡是土地财政的一个重要动因。Han 和 Kung（2012）考察了财政收入对于商住土地出让面积和出让收入的影响，在利用 SIV（Simulated Instrumental Variable）方法控制内生性后，发现如果地方政府留存的财政收入下降1%，那么当地商住土地出让面积提高大约3%，而商住土地出让收入会升高5%左右。雷潇雨和龚六堂（2015）验证了低价出让工业用地、高价出让商住用地的最优土地出让策略，工业用地出让面积增加确实能够吸引投资和税收增长，但协议出让工业用地所吸引来的投资质量较差。低价出让土地和土地财政的确对工业化和城镇化产生了积极影响，但这一策略的效果在逐渐减弱。何怡瑶和潘士远（2015）的研究发现，土地供应量与投资、产出的波动具有明显的逆周期特征，而土地抵押贷款则呈现顺周期特征，进而提出把土地政策作为中国特色的宏观调控手段。王媛和贾生华（2012）从实物期权理论角度讨论地方政府土地供的最优时机。基于生存分析模型的经验分析发现，由房价引发的市场不确定性，每提高1个标准差将使杭州市土地供应的概率降低42%。

地方政府能够“以地生税”是因为土地出让会带来城市化相关的房地产和建筑业上缴的营业税、房产税和土地使用税等收入，以及工业快速发展为地方政府带来的增值税和企业所得税，从而能够减轻地方政府的财政压力。当前新增建设用地主要用于工业、商业和住宅开发三个用途，三类土地对财政税收的贡献差异较大。从时间上看，工业用地出让价格相对较低，需要一个较长的投资期限，短期内可以对财政的贡献度较低；相对于工业用地来说，商业用地和住宅用地可以短期内带来更大的税收贡献，但长期有可能造成实体经济不强，削弱“税基”。从税种上看，工业用地出让后，生产性公司投产后会产生增值税，那些盈利的企业还可以上缴企业所得税，这两个税是工业用地产生财政贡献的主要渠道；商业用地和住宅用地主要归入房地产行业，其贡献主要根据营业收入上缴营业税。

关于土地财政对经济发展的影响。赵文哲和杨继东（2015）考察了国有企业在地方政府为弥补财政缺口而增加出让土地中的作用。由于国有企业与政府之间政治关系相对比较密切，经济萧条时，地方政府和国有企业可能会形成合作互利机制：地方政府会以较低的价格向国有企业出让土地，从互利角度来讲，国有企业能够获得更多价格低廉的土地作为投入，增加投资，从而为地方政府提供更多的税源。张俊远和王瑞芳（2013）等发现，地方政府“拉低工业地价，抬高商住地价”的差别化地价政策使土地总量供给过度和工业用地与商业用地结构失调。左翔和殷醒民（2014）发现，地方政府提供经济性公共品以发展工业企业和增加税收，建设基础设施以推动商住用地价格增加土地出让金，造成经济和非经济性公共品供给失衡。

第二节　土地出让价格与土地财政依赖度

一　各类用地价格与土地财政依赖度

我们计算了工业用地、商业用地和住宅用地占土地出让金的比重（见图6－1）。总体来看，从三类出让土地上看，住宅用地对土地财政的贡献最大，其他依次为商业用地和工业用地。从时间上看，2010年以后，住宅用地的贡献度有所下降，而商业用地的贡献度有所上升，这说明本轮土地财政依赖度上升主要是由于商业地产景气所引发的。工业用地的贡献度则整体变化不大。

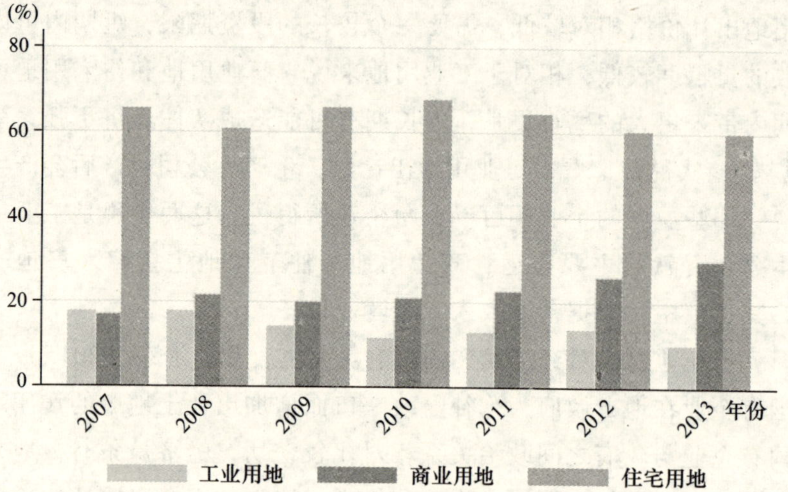

图6－1　各地市工业用地、商业用地和住宅用地出让金平均占比（2007—2013年）

商业用地的贡献度上升可能是由于国家强制使用了招、拍、挂等更为市场化的转让方式。国土资源部2002年颁布实施的《招标拍卖挂牌出让国有土地使用权的规定》（国土资发〔2002〕11号）第四条明确规定："商业、旅游、娱乐和商品住宅等各类经营性用地，必须以招标、拍卖或者挂牌方式出让。前款规定以外用途的土地的供地计划公布后，同一宗地有两个以上意向用地者的，也应当采用招标、拍卖或者挂牌方式出让。”

我们计算了土地出让金与一般公共财政收入的比重（以下简称土地出让金比重），这一比重越大，说明土地财政的依赖程度越高。总体上看，土地出让金比重年度间波动比较大，这主要由于土地出让金是一次性收入，对财政贡献的可持续性比较差。由图 6－2 可以看出，土地财政这一时期依赖度最高的是 2010 年，平均土地出让金比重达到 0.7 左右，而到了 2013 年，这一比重快速下降到约为 0.2，这与房地产繁荣周期紧密地联系在一起。

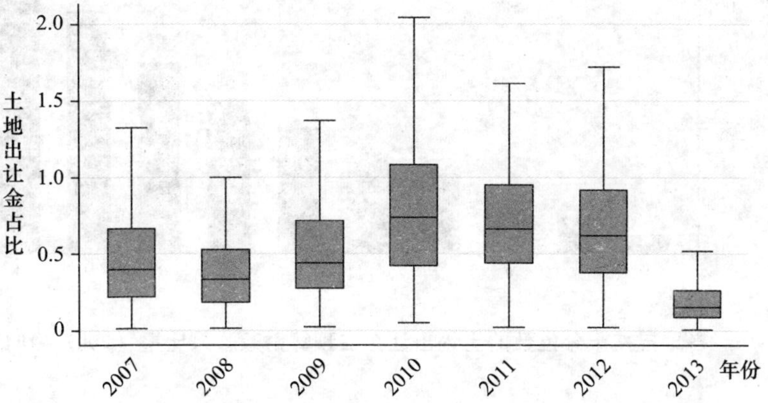

图 6－2　各地市土地出让金占预算财政收入的比重（2007—2013 年）

此外，同一年度中各个城市之间的差异巨大，同样以 2010 年为例，土地财政依赖度最高的城市其土地出让金是一般公共财政收入的两倍以上，而土地财政依赖度最低的城市其土地出让金占一般公共财政收入的比重不到 10%，这可能是因为各地房地产开发的条件不尽相同，那些房地产预期利润高的地方，房屋价格上涨较快，为地方政府带来了较高的土地出让收入，而那些房地产预期利润低的地方，房屋价格上升空间不大，地方政府即便想大搞土地财政，也是无法实现的。现在正在试行的房地产税改革就是要平滑土地出让金一次性收入所带来的波动性。

按土地出让金占预算财政收入比重，对地市进行排序，并按十分数生成十组，每组包含10%的样本地市。60%的地市土地出让金比重不到50%，30%的地市土地出让金比重在50%—100%，只有10%的地市价格超过了100%。如果50%是土地出让金比重一个相对合理的数值，那么，一半以上的地市无法依赖土地财政。此外，土地财政的风险也主要集中在依赖度最高的10%的城市（见图6-3）。

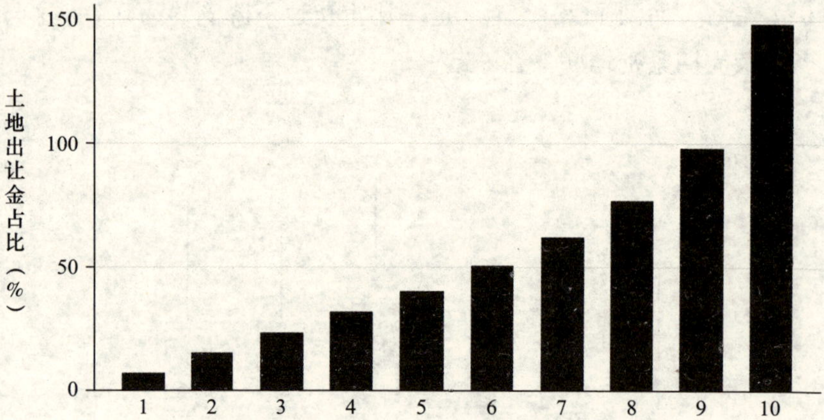

图6-3　各地市按十分位数的土地出让金占预算财政收入比重（2007—2013年）

二　用地价格影响土地财政的理论机制

在中国经济市场化程度深化的过程中，中央政府集中财权并通过转移支付激励地方政府来实现对地方的有效政治控制。在政策执行成本不能充分观测的情况下，为了避免转移支付可能造成实际政策成本高企而造成难以为继的局面，中央财政集权后默许地方政府一定非正式税收自主权的存在，形成以土地出让金等预算外财政收入膨胀的制度基础（陶然等，2007）。伴随房地产的市场化改革，土地出让金所形成的土地财政有愈演愈烈之势。

土地财政与经济体中的其他宏观变量存在紧密联系。根据黄少安等（2012）的研究，房地产及其相关产业发展得到的租金和其他产业发展得到的税收在长期内存在“租税等价”关系，而在短期内两者为“租税替代”关系，即政府短期内可以拉高房价以提高房地产的租金收入，却不得不放弃一部分来自其他行业的税收收入。这个理论的关键假定在于地方政府可以决定房地产的价格。我们认为，房地产价格在很大程度上依赖于经济繁荣周期，同时又内生于当地的产业结构。而地市和县一级地方政府尽管能够垄断本地土地市场，但是，由于地区间的替代性较强和人口跨地区间的流动能力不断增强，并不能完全决定房地产价格的走势。比较直观的例子是，即使县级政府力图拉高房价，但是，由于县城集聚资源能力有限，房屋价格上涨空间也会受到很大的限制。另外，张清勇和郑环环（2012）利用各省市面板数据的研究表明，仅存在经济增长促进住宅投资的单向格兰杰因果关系，而“住宅引领增长”的假说并不成立。从各类土地价格内生于本地产业结构出发，我们想问的问题是：各类土地出让价格各自对土地财政发挥了怎样的作用？

前文分析表明，工业用地、商业用地和住宅用地价格上涨是土地财政得以实现的重要条件。为验证前文所提假说是否成立，本部分基于地级市层面数据检验各类用地出让价格与土地财政依赖度的关系。受限于数据可获得性，我们选取了 2007—2013 年作为样本区间，因为 2007 年实施了新会计制度，而 2013 年以后土地出让数据不可得。

为了检验各类用地出让价格对土地财政依赖度的影响，我们建立了以下计量模型：

$$FD_{it} = \beta_0 + \beta_1 industry_{it} + \beta_2 commerce_{it} + \beta_3 residence_{it} + \beta_4 control_{it} + d_{year} + d_{company} + \varepsilon_{it} \tag{6.1}$$

式中，i、t 分别表示地级城市与年份，被解释变量 FD 为 i 公司 t 年土地财政依赖度，用全部工业用地、商业用地和住宅用地三类土地出让金收入除以一般公共财政预算内收入计算而得。*industry*、*commerce* 和 *residence* 是三个主要解释变量，分别为 i 城市 t 年工业用地、商业用地和住宅用地出让价格，按当年每宗出让土地的计算而得。平均价格数据来源于国土资源部公布的数据，由该城市当年三类土地中每宗土地的价格平均计算得到。β_1、β_2 和 β_3 为本书重点关注的待估参数。根据分析，我们预测三个参数的数值及显著性存在差异，其经济学含义是：由产业结构所决定的三类土地出让价格对于财政收入的贡献存在一定的差异。

三　土地出让价格对土地财政依赖度的影响

表6－1给出了土地出让价格与土地出让金/财政收入比重的关系。模型1是使用三类用地平均出让价格，而模型2分别使用三类用地各自的出让价格。模型1和模型2与模型3和模型4的差异在于，前者控制了个体固定效应，而后者控制了省份_年份固定效应。对于模型1，土地出让价格高的地市，土地财政依赖度也比较高，土地出让价格每提高1万元/公顷，土地出让金比重提高0.009%。对于模型2，工业和住宅类用地出让价格对土地财政依赖度影响较大。具体而言，工业土地出让价格每提高1万元/公顷，土地出让金占财政收入比重提高0.03%，住宅土地出让价格每提高1万元/公顷，土地出让金占财政收入比重提高0.008%。工业土地出让价格对土地财政的贡献最大，其余按贡献度依次为住宅土地出让价格和商业土地出让价格。上述结果在控制了省份_年份固定效应后也是稳健的（见表6－1中的模型3和模型4）。

表6－1　　土地出让价格与土地出让金/财政收入比重的关系

变量	模型1	模型2	模型3	模型4
土地价格	0.009*** (0.002)		0.008*** (0.001)	
工业用地出让价格		0.030*** (0.012)		0.021** (0.008)
商业用地土地出让价格		0.001 (0.001)		0.001* (0.001)
住宅土地出让价格		0.008*** (0.001)		0.006*** (0.001)
人均GDP（万元）	－0.117 (1.125)	－0.005 (1.131)	－0.567 (0.515)	－0.666 (0.520)

续表

变量	模型 1	模型 2	模型 3	模型 4
在职职工工资	−0.000***	−0.001***	0.000	0.000
	(0.000)	(0.000)	(0.000)	(0.000)
GDP	−0.007**	−0.008***	−0.003*	−0.003**
	(0.003)	(0.003)	(0.001)	(0.001)
第二产业占比（%）	3.027***	2.866***	−0.131	−0.194
	(0.590)	(0.585)	(0.201)	(0.200)
第三产业占比（%）	1.710**	1.558**	0.288	0.166
	(0.725)	(0.719)	(0.269)	(0.269)
人口（万人）	0.013	0.019	0.009	0.008
	(0.032)	(0.031)	(0.008)	(0.008)
Intercept	−146.361***	−137.945**	83.081***	88.360***
	(54.105)	(53.627)	(19.087)	(19.074)
个体固定效应	是	是	否	否
省份_年份固定效应	否	否	是	是
城市数量	284	284	284	284
样本数	1943	1943	1943	1943
R^2	0.000	0.005	0.526	0.531

注：括号内为估计系数的标准差，*、** 和 *** 分别表示在 10%、5% 和 1% 的显著性水平下显著。

根据对国房景气指数走势的分析，2010 年以前，房地产投资比较旺盛，但是，2010 年以后，房地产投资一直呈缓慢下降趋势。地方政府大搞土地财政的一个必要条件是房地产行业的繁荣，所以，我们预期在 2007—2010 年房地产投资活跃时期，土地价格更容易推高土地财政的水平。表 6－2 验证了这一理论逻辑。正如理论分析所预测的那样，土地价格在 2007—2010 年期间确实对土地财政水平有正向显著影响，而在 2011—2013 年期间则没有显著影响（见表 6－2 中的模型 1 和模型 2）。这证实了我们理论分析部分的推测，即房地产繁荣和宏观经济处于景气周期是土地财政得以实施的重要条件。

表 6-2　　土地价格与土地财政关系（按时间）

变量	模型 1（2007—2010）	模型 2（2011—2013）	模型 3（2007—2010）	模型 4（2011—2013）
土地价格	0.022***	0.002		
	(0.003)	(0.002)		
工业用地出让价格			0.042**	0.012
			(0.018)	(0.011)
商业用地土地出让价格			0.003**	0.001
			(0.001)	(0.001)
住宅土地出让价格			0.008***	0.005***
			(0.001)	(0.001)
人均 GDP（万元）	-0.297	-10.269**	0.255	-0.380
	(1.508)	(4.155)	(0.688)	(0.679)
在职职工工资	0.003***	-0.003***	0.000	0.000
	(0.000)	(0.000)	(0.000)	(0.000)
GDP	-0.009*	-0.001	-0.004*	-0.001
	(0.005)	(0.009)	(0.002)	(0.002)
第二产业占比（%）	1.484**	-7.608***	-0.524**	-0.761***
	(0.751)	(2.310)	(0.256)	(0.278)
第三产业占比（%）	0.695	-9.172***	0.010	-0.759**
	(0.870)	(2.765)	(0.346)	(0.359)
人口（万人）	-0.012	-0.243*	0.001	0.011
	(0.037)	(0.146)	(0.010)	(0.010)
intercept	-108.183*	1053.835***	99.229***	98.345**
	(65.047)	(206.175)	(23.396)	(40.954)
个体固定效应	是	是	否	否
省份_年份固定效应	否	否	是	是
城市数量	282.0	283.0	282.0	283.0
样本数	1109	834	1109	834
R^2	0.269	0.352	0.532	0.662

注：括号内为估计系数的标准差，*、** 和 *** 分别表示在 10%、5% 和 1% 的显著性水平下显著。

模型3和模型4将土地价格分解为工业用地出让价格、商业用地土地出让价格和住宅土地出让价格，检验每类土地价格对土地财政效应的大小。与前面结果相一致，在三类土地中，工业用地对土地财政的效应最大，其他依次为住宅用地和商业用地。这可能是由于大多数地市在2007—2010年仍然处于工业化进程的中后期，第二产业普遍在GDP构成中处于主导地位。

由于东部、中部、西部三个地区的经济发展水平、工业化程度和房地产行业的繁荣程度都不相同，土地出让价格对土地财政的影响也会反映这些地区的差异。为考察区域发展差异性的影响，我们将样本按照城市所在地区分为东部城市、中部城市及西部城市，考察不同地区土地出让价格与土地财政之间的关系。

值得注意的是，土地财政依赖度受土地价格的影响程度由东部地区向西部地区依次增强。这可能与三个地区财政收入来源的多寡有一定的关系。除土地资源以外，东部地区所享有的税收等资源相对于中部地区和西部地区更为丰富，因而有更多的方法来增加财政收入。而西部地区财政收入来源渠道更为有限，并且税收相对缺乏，所以，对土地财政的依赖度相对更高。

表6-3　　土地价格与土地财政关系（按地区）

变量	东部地区	中部地区	西部地区
土地价格	0.005***	0.017***	0.038***
	(0.002)	(0.005)	(0.006)
人均GDP（万元）	-0.875	-0.149	5.581*
	(1.869)	(1.828)	(2.889)
在职职工工资	0.000	-0.001***	-0.001*
	(0.000)	(0.000)	(0.000)
GDP	-0.004	-0.006	-0.028***
	(0.004)	(0.005)	(0.007)
第二产业占比（%）	3.480***	2.684***	2.870***
	(1.232)	(0.871)	(1.108)

续表

变量	东部地区	中部地区	西部地区
第三产业占比（%）	2.309 (1.434)	0.525 (1.063)	2.450* (1.483)
人口（万人）	-0.010 (0.063)	0.017 (0.043)	-0.029 (0.121)
intercept	-179.614 (112.483)	-86.911 (77.799)	-156.735 (106.634)
个体固定效应	是	是	是
城市数量	112	109	63
样本数	772	754	417
R^2	0.017	0.001	0.026

注：括号内为估计系数的标准差，* 和 *** 分别表示在 10% 和 1% 的显著性水平下显著。

进一步分地区将土地价格分解为工业用地出让价格、商业用地土地出让价格和住宅土地出让价格三类，检验每类土地价格对土地财政效应的大小。由表 6-4 可知，不同类型用地价格对土地财政的影响存在明显的地区性差异。具体而言，住宅土地出让价格对东部地区土地财政影响最大，而工业用地出让价格和商业用地土地出让价格则没有显著影响。中部地区对土地财政影响最大的是工业用地出让价格，其次为住宅土地出让价格，而商业用地土地出让价格没有显著影响。西部地区各类用地价格对土地财政效应的排序与中部地区类似。不过，与东部地区的不同之处在于商业用地土地出让价格也有一定的影响。

表 6-4　　土地价格与土地财政关系（按地区和土地类型）

变量	东部地区	中部地区	西部地区
工业用地出让价格	0.015 (0.014)	0.100*** (0.032)	0.058* (0.033)
商业用地土地出让价格	0.000 (0.001)	-0.003 (0.002)	0.010*** (0.004)

续表

变量	东部地区	中部地区	西部地区
住宅土地出让价格	0.005***	0.023***	0.015***
	(0.001)	(0.003)	(0.003)
人均 GDP（万元）	-1.160	0.649	6.426**
	(1.943)	(1.770)	(2.989)
在职职工工资	-0.001	-0.001***	-0.001**
	(0.000)	(0.000)	(0.000)
GDP	-0.003	-0.012**	-0.029***
	(0.004)	(0.005)	(0.007)
第二产业占比（%）	3.585***	1.729**	2.833**
	(1.226)	(0.853)	(1.108)
第三产业占比（%）	2.378*	-0.122	2.547*
	(1.429)	(1.031)	(1.482)
人口（万人）	-0.013	0.032	-0.021
	(0.064)	(0.041)	(0.121)
intercept	-187.185*	-33.515	-163.828
	(111.889)	(75.571)	(106.621)
个体固定效应	是	是	是
城市数量	112	109	63
样本数	772	754	417
R^2	0.024	0.059	0.022

注：括号内为估计系数的标准差，*、** 和 *** 分别表示在 10%、5% 和 1% 的显著性水平下显著。

表 6-5 和表 6-6 两个表重新控制了省份_年份固定效应，复制了表 6-3 和表 6-4 两个表的回归来验证回归系数的稳健性。结果表明，主要解释变量土地价格的显著性水平和大小是稳健的。

表 6-5　　土地价格与土地财政关系（按地区）稳健性检验

变量	东部地区	中部地区	西部地区
土地价格	0.005***	0.020***	0.032***
	(0.001)	(0.004)	(0.005)

续表

变量	东部地区	中部地区	西部地区
人均 GDP（万元）	-0.871 (0.720)	-0.960 (1.081)	1.657 (1.376)
在职职工工资	0.000 (0.000)	0.000 (0.000)	0.000 (-0.001)
GDP	-0.001 (-0.002)	-0.003 (-0.003)	-0.018*** (-0.004)
第二产业占比（%）	0.293 (0.410)	-0.145 (0.318)	-0.622* (0.350)
第三产业占比（%）	0.258 (0.531)	0.303 (0.408)	0.179 (0.499)
人口（万人）	-0.004 (0.014)	0.003 (0.012)	0.060*** (0.017)
intercept	0.026 (39.189)	84.416*** (29.000)	-6.693 (50.635)
省份_年份固定效应	是	是	是
城市数量	112	109	63
样本数	772	754	417
R^2	0.505	0.544	0.586

注：括号内为估计系数的标准差，* 和 *** 分别表示在 10% 和 1% 的显著性水平下显著。

表 6-6　土地价格与土地财政关系（按地区和土地类型）稳健性检验

变量	东部地区	中部地区	西部地区
工业用地出让价格	0.012 (-0.010)	0.058** (-0.024)	0.053** (-0.026)
商业用地土地出让价格	0.000 (-0.001)	0.002 (-0.002)	0.007*** (-0.003)
住宅土地出让价格	0.004*** (-0.001)	0.016*** (-0.003)	0.014*** (-0.003)

续表

变量	东部地区	中部地区	西部地区
人均 GDP（万元）	-1.010 (-0.740)	-0.594 (-1.077)	1.852 (-1.390)
在职职工工资	0.000 (0.000)	0.000 (0.000)	0.000 (-0.001)
GDP	-0.001 (-0.002)	-0.005 (-0.003)	-0.019*** (-0.004)
第二产业占比（%）	0.200 (-0.412)	-0.202 (-0.319)	-0.689* (-0.354)
第三产业占比（%）	0.112 (-0.535)	0.178 (-0.410)	0.129 (-0.507)
人口（万人）	-0.006 (-0.014)	0.006 (-0.012)	0.058*** (-0.017)
intercept	7.066 (-39.408)	81.432*** (-29.051)	-6.568 (-50.858)
省份_年份固定效应	是	是	是
城市数量	112	109	63
样本数	772	754	417
R^2	0.511	0.551	0.591

注：括号内为估计系数的标准差，*、** 和 *** 分别表示在 10%、5% 和 1% 的显著性水平下显著。

四 结论与建议

中国城乡二元土地结构下地方政府在土地一级市场上的垄断地位以及各个地市为经济增长而展开的区域竞争，使地方政府形成对土地财政的依赖。本小节验证住宅用地、商业用地和工业用地三类土地出让价格在土地财政机制中发挥的不同作用。

研究发现，2007—2013 年，土地财政依赖度普遍较高并且年度间波动比较大；土地价格对土地财政依赖度提高有正向影响，总体上看，工业土地出让价格对土地财政的贡献最大，其余按贡献度依次为住宅土地出让价格和商业土地出让价格；在 2007—2010 年房地产投资活跃时期，土地价格更容易推高土地财政依赖水平；而在2011—2013年房地产投资下降时期，土地价格对土地财政依赖水平没有显著影响。分地区来看，东部地区土地财政依赖水平主要受到住宅土地出让价格的影响，而中部地区和西部地区土地财政依赖水平主要受到工业土地出让价格影响。

研究表明，土地出让金为一次性收入，容易受到各类土地价格和经济宏观波动的影响，所以，对财政贡献的可持续性比较差。此外，土地财政已经成为地方经济顺周期波动的重要因素，对经济产生不利影响。如果想打破土地财政的僵局，要从以下两个方面厘清土地财政与地方发展的关系：首先，要理顺土地租金、税收和各类行政事业性收费之间的关系，扭转政府投资主要依靠土地出让的局面；其次，要大力发展建设债券等地方融资平台，将融资与长期财政收入关联在一起，消除土地收入与经济繁荣周期同向变动而产生的不稳定因素。

第三节　房地产繁荣、土地财政与税收负担

一　地方税收负担在样本期间的基本情况

地方官员面临的晋升等政治激励是土地财政形成的重要动因。政绩考核体系侧重以GDP和财政收入为主的经济指标，较少考虑经济增长的资源环境代价和社会保障率、居民满意度等民生指标。地方政府出于相互竞争的需要，在支出结构上表现为“重基本建设，轻人力资本投资和公共服务”的严重扭曲，为了获取资源以支撑地方建设，各地方政府纷纷转向土地财政模式。关于财政分权对土地财政的影响，孙秀林和周飞舟（2013）研究发现，分税制集中财权使地方政府税收受到较大的负面冲击，为了减少税收带来的不利影响，地方政府逐渐走向以土地征用、开发和出让为主的发展模式，从而形成了土地财政。财权和事权不对称是触发土地财政的另一个重要原因。中央从1994年实施分税制一举实现了中央主导的财力分布格局，但并未明确划分政府纵向间的事权，随着经济社会发展，地方政府特别是基层政

府承担了更多事权。地方政府大搞土地财政就是为了弥补由于过度承担事权而形成的财政缺口。

从地方税收角度看，土地财政可能对地方税收产生两方面的影响。一方面，土地出让的“以地生财”收入可能会降低地方政府的税收激励，使地方税收负担水平下降。另一方面，地方政府优化各类土地征收策略会使土地出让对地方税收的贡献处于最优水平。由于中国没有开征财产税，地方政府不能从房地产发展中获得持续的收入流，即服务业产生的营业税的高收入流可能会随着房地产销售完毕而逐渐下降回落。一般而言，地方政府出让商住用地的方式大多采取招、拍、挂方式，开发商拿地成本高，引起商住用地的出售价格升高，因而营业税税基较高。地方政府分割土地出让市场的差别定价策略（协议出让于工业用地获得长期稳定增值税，招、拍、挂出让于商住用地获得短期高额营业税），可以实现预算内财政收入的跨期收入平衡，是追求收入极大化的理性选择。

图 6－4 描述了 2007—2013 年地方税收负担的地区差异和变化情况。在此期间，地方税收占 GDP 的平均比重呈现逐年稳步上升的趋势。另外，各个地区之间地方税收占比差异也有所拉大。这一方面反映了地方政府支配 GDP 的比重有所上升，另一方面也反映了各地区之间发展模式、经济结构和经济效益的差异。

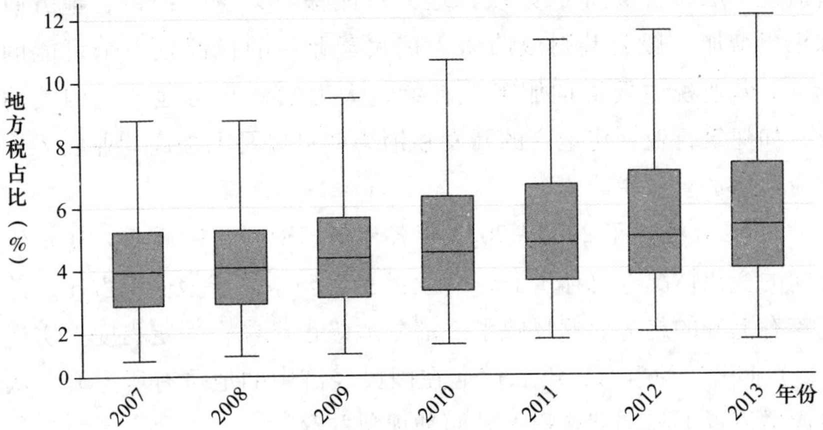

图 6－4　全部地方税占 GDP 比重（2007—2013 年）

我们进一步按不同的税收种类，考察各类税收负担的情况。由图6－5可知，2007—2013年，增值税占GDP比重逐年有所下降，并且差异幅度逐渐收窄。这一方面说明经济结构在这一阶段发生了转型，制造业对经济发展的贡献有所下降；另一方面也说明地方由于只能分享部分增值税，培养和维护税源的动力可能不足。

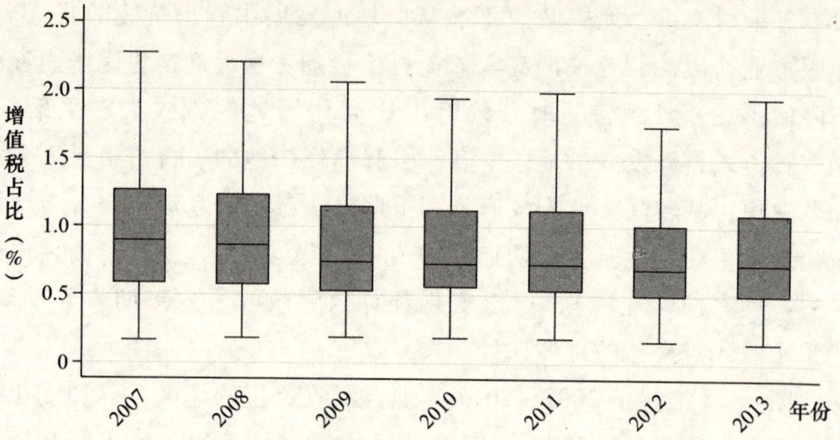

图6－5　增值税占GDP比重（2007—2013年）

实行分税制改革后，营业税成为地方主要的预算内税收来源，而增值税中75%上缴中央财政，地方只能保留25%。所以，地方政府如果想增加一般公共财政收入，扩大营业税的税源是一个可能的选择。而营业税主要面向服务业征缴，大力发展与房地产业相关的行业，如建筑行业、房地产的开发和销售就可以马上提高营业收入，并相应地增加营业税收入。

图6－6描述了2007—2013年各地市营业税占财政收入比重年度之间的变化情况。总体上看，营业税占比要略高于增值税占比，并且逐年有上升的趋势。这反映了一部分地级市已经在一定程度上实现了“去工业化”的事实，第三产业在国民经济中的地位有所上升，从而造成增值税下降和营业税上升两种现象并存。

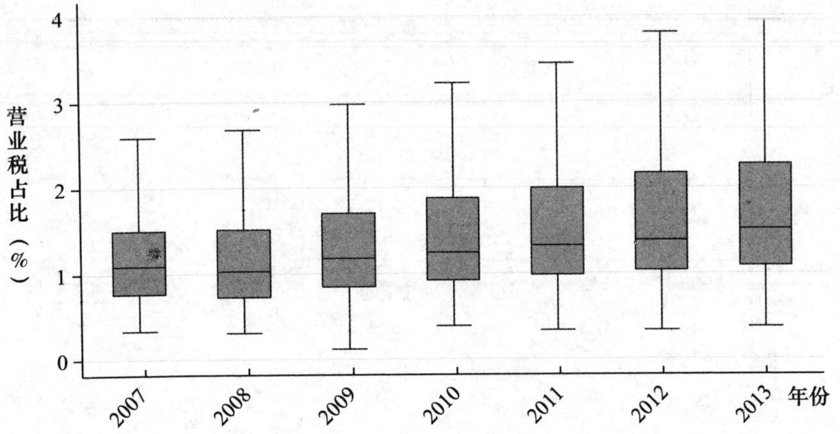

图 6－6　各地市营业税占财政收入比重（2007—2013 年）

我国的公司所得税和个人所得税占 GDP 比重仍然比较低，两者占比之和小于增值税或营业税占比（见图 6－7），这说明中国地方税收仍然高度依赖流转税的现实。尽管公司所得税占 GDP 比重略有上升，但是，个人所得税占 GDP 比重有一定程度的下降（见图 6－8），这可能与劳动收入占 GDP 比重下降有一定关联。根据罗长远和张军（2009）的研究，劳动报酬占 GDP 比重呈下降趋势。

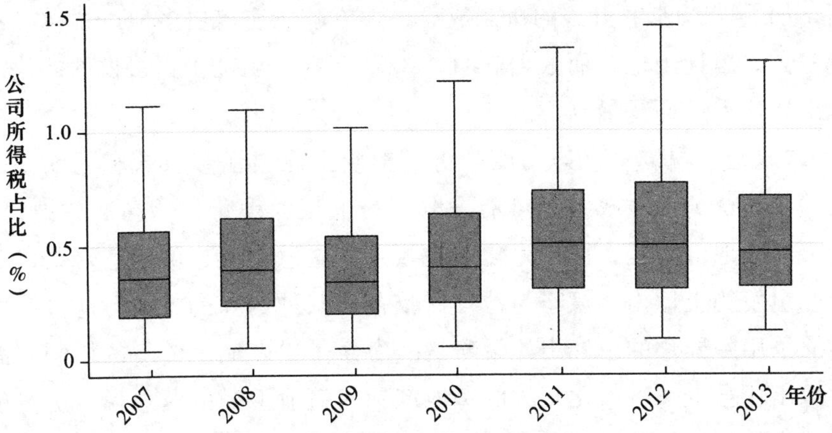

图 6－7　公司所得税占 GDP 比重（2007—2013 年）

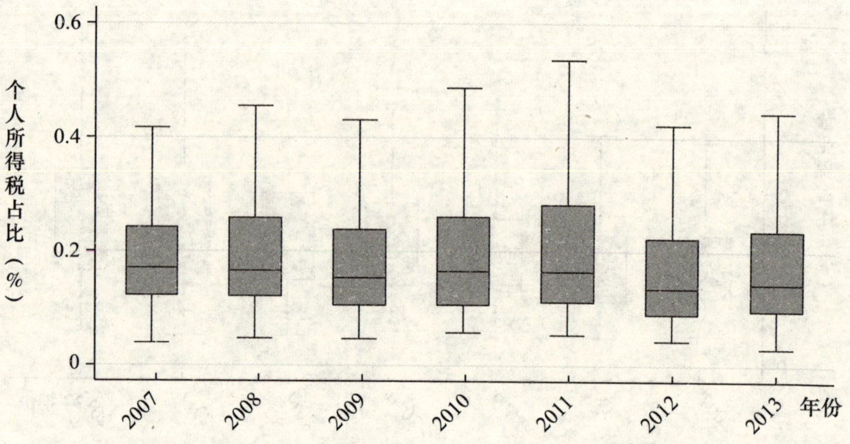

图6-8 个人所得税占GDP比重（2007—2013年）

二 土地财政与地方税收负担的关系

如上所述，各类用途的土地对地方财政的贡献程度各不相同，在当前分税制体制下，地方政府有动力提高地方财政收入水平。不过，地方政府在利用土地出让来提升财政收入方面可能会采用不同的策略。“以地生租”说认为，财政缺口大的地方政府为了获得更高的土地出让金，更倾向于以较高的价格出让土地。赵文哲和杨继东（2015）则对“以地生租”的逻辑提出质疑。因为招标和拍卖价格较高，如果“以地生租”的机制成立，地方政府应该更多地以招标和拍卖的方式出让土地，而数据表明，2007年前，出让价格最低的协议土地出让比重反而是最高的。

“以地生税”从动态角度分析了本期土地出让金收入和后期税收的关系，认为地方政府有可能采取“拉低工业地价，抬高商住地价”的差异化地价政策，以最大化财政收入。这意味着，房地产繁荣以及由此引发的土地出让策略与地方财政存在某种内在的关系。地方政府能够采用差异化的土地出让策略是因为存在“以地生税”的机制，即土地出让会带来城市化相关的房地产和建筑业上缴的营业税、房产税和土地使用税等收入，以及工业快速发展为地方政府带来的增值税和企业所得税，从而能够减轻地方政府的财政压力。这意味着，如果

“以地生税”机制确实发挥作用，那么土地财政程度较高的地区其增值税和营业税收入占比也比较高。

综合来看，土地财政至少对地方税收负担产生了两方面的影响。一方面，土地出让的“以地生财”收入可能会降低地方政府的税收激励，对地方税收负担水平产生负向效应。另一方面，地方政府优化各类土地征收策略会使土地出让对地方税收的贡献处于最优水平，即土地财政对税收负担产生正向效应。因为两类效应作用的方向相反，土地财政对地方税收负担的影响取决于两类效应的相对大小，究竟土地财政对税收负担的哪种效应占主导地位，成为一个有待于实证检验的问题。

为了检验土地财政对地方税收负担（税收占 GDP 比重）的影响，我们建立了以下计量模型：

$$Tax_{it} = \beta_0 + \beta_1 FD + \beta_2 control_{it} + d_{year} + d_{company} + \varepsilon_{it} \qquad (6.2)$$

式中，i、t 分别表示地市与年份，被解释变量 Tax_{ij} 为 i 公司 t 年某类税收占当地 GDP 比重。土地财政依赖度 FD 是主要解释变量，用当年全部土地出让金收入除以一般公共财政预算内收入计算而得。β_1 为本书重点关注的待估参数。根据上述分析，存在如果“以地生税”机制，则 β_1 为正向显著。

需要指出的是，此处我们考察的是税收占 GDP 比重，而并非税收的绝对量。杨继东等（2014）基于税收收入绝对量的研究发现，招、拍、挂工业用地出让面积增长确实能够拉动当地政府的增值税等财政增长，而协议出让工业用地面积增长由于引进质量差的投资很有可能适得其反。但是，土地出让用于工业意味着不能用于其他用途，基于绝对量的考察无法弄清土地财政对税收负担的总体影响，有鉴于此，与杨继东等（2014）不同，此处选择税收占 GDP 比重的目的在于考察土地财政对税收负担的影响。

三　土地财政影响地方税收负担的实证结果

表 6 - 7 考察了土地财政与税收负担的关系。“以地生税”机制表明：如果一个地区的土地财政力度越大，那么增值税和营业税收入对税收的贡献也应该比较大；而“以地生租”机制使土地出让一次性收

入增加，有可能降低地方政府的征税激励和税收负担。被解释变量分别选取了各类地方税收占 GDP 比重，包括地方税收占 GDP 比重、增值税占 GDP 比重、营业税占 GDP 比重、企业所得税占 GDP 比重和个人所得税占 GDP 比重，其中，增值税针对工业企业征收，营业税主要是对第三产业征收，包括对房地产行业征收的营业税。

表 6-7　　土地财政与税收负担

变量	地方税收占比	增值税占比	营业税占比	企业所得税占比	个人所得税占比
土地出让金比重	-0.001**	-0.002	0.000	-0.000***	0.000
	(0.001)	(0.001)	(0.000)	(0.000)	(0.000)
人均 GDP（万元）	-0.023	0.002	-0.013**	0.000	0.008
	(0.017)	(0.024)	(0.006)	(0.003)	(0.007)
GDP	0.000	0.000	0.000	0.000***	0.000
	(0.000)	(0.000)	(0.000)	(0.000)	(0.000)
第二产业占比（%）	0.084***	0.023***	0.020***	0.011***	0.001
	(0.008)	(0.008)	(0.003)	(0.001)	(0.002)
第三产业占比（%）	0.116***	0.013	0.050***	0.014***	0.006*
	(0.011)	(0.011)	(0.004)	(0.002)	(0.003)
人口（万人）	-0.001**	-0.001**	0.000	0.000	0.000
	(0.000)	(0.000)	(0.000)	(0.000)	(0.000)
Intercept	-3.228***	0.004	-1.113***	-0.678***	-0.093
	(0.783)	(0.904)	(0.291)	(0.145)	(0.267)
省份_年份固定效应	是	是	是	是	是
城市数量	284	284	284	284	284
样本数	1906	1905	1905	1904	1905
R^2	0.615	0.060	0.626	0.470	0.176

注：括号内为估计系数的标准差，*、** 和 *** 分别表示在 10%、5% 和 1% 的显著性水平下显著。

总体来说，土地财政（土地出让金比重）降低了地方税收占 GDP 比重和企业所得税占 GDP 比重，而对营业税占 GDP 比重、增值税占

GDP比重和个人所得税占GDP比重统计系数不显著。上地出让金比重每升高1%，地方税收占GDP比重会降低0.001%，这说明土地财政对税收的影响即便统计上是显著的，这一影响从经济意义上比较微弱，几乎可以忽略不计。所以，那些通过土地财政获得较高收入的地市，并没有带来更大比重的税收收入。从税收负担角度考虑，"以地生税"机制并没有发挥太大的作用；而从"以地生租"的角度，土地财政对税收负担的挤出效应也并不明显。

由于土地出让金比重是内生变量，根据孙秀林和周飞舟（2013）的研究，那些地方财政状况差的地区越有可能大力推行土地财政。为了解决这一内生性问题，我们用住宅房屋价格作为土地出让金比重的工具变量。2007年以来的住宅房屋价格上涨主要是由于宏观经济周期性繁荣所引发的，较少受地市层面因素的影响，相对于地市经济状况和财政收支情况是外生的。上文讨论也已经说明房屋价格与土地出让高度正相关，满足工具变量所需要的相关性条件。综上所述，住宅房屋价格符合作为土地出让金比重的工具变量的两个条件。

表6-8给出了工具变量法的实证结果。所有回归中第一阶段的F值都超过了7，基本可以排除弱工具变量问题，表6-8中所有的系数和显著性与前表结果没有大的差异，这说明前面对土地财政与税收关系的分析在统计上是合理的。

表6-8　　　　土地财政与税收负担（工具变量法）

变量	地方税收占GDP比重	增值税占GDP比重	营业税占GDP比重	企业所得税占GDP比重	个人所得税占GDP比重
土地出让金比重	-0.001**	-0.002	0.000	-0.000***	0.000
	(0.001)	(0.001)	(0.000)	(0.000)	(0.000)
人均GDP（万元）	-0.022	0.004	-0.013**	0.000	0.008
	(0.017)	(0.024)	(0.006)	(0.003)	(0.007)
GDP	0.000	0.000	0.000	0.000***	0.000
	(0.000)	(0.000)	(0.000)	(0.000)	(0.000)
第二产业占比（%）	0.084***	0.022***	0.020***	0.011***	0.001
	(0.008)	(0.008)	(0.003)	(0.001)	(0.002)

续表

变量	地方税收占 GDP 比重	增值税占 GDP 比重	营业税占 GDP 比重	企业所得税占 GDP 比重	个人所得税占 GDP 比重
第三产业占比（%）	0.116 ***	0.012	0.050 ***	0.014 ***	0.006 *
	(0.010)	(0.011)	(0.004)	(0.002)	(0.003)
人口（万人）	−0.001 **	−0.001 *	0.000	0.000	0.000
	(0.000)	(0.000)	(0.000)	(0.000)	(0.000)
intercept	−3.253 ***	0.036	−1.123 ***	−0.687 ***	−0.093
	(0.774)	(0.908)	(0.288)	(0.144)	(0.269)
省份_年份固定效应	是	是	是	是	是
城市数量	284	284	284	284	284
样本数	1906	1905	1905	1904	1905
R^2	0.615	0.060	0.626	0.470	0.176

注：括号内为估计系数的标准差，*、** 和 *** 分别表示在 10%、5% 和 1% 的显著性水平下显著。

下面我们将样本期间划分为房地产投资旺盛期（2007—2010 年）和投资缓慢调整期（2011—2013 年），分别考察土地财政与地方税收的占比关系。有意思的是，在投资旺盛期，土地财政依赖程度增加，并没有降低税收负担；而在房地产投资缓慢调整期，土地财政依赖程度降低，税收负担却有所上升。由表 6 - 9 中第 3 列和第 4 列，土地出让金比重每降低 1%，税收负担会增加 0.003%。这可能是由于财政支出是刚性的，在前期土地财政情况好的时候所列支的项目，当土地财政收入下降时，已经列支的财政支出往往不容易削减，只能通过增加其他种类的税收来保证这些财政支出。

表 6 - 9　　土地财政与地方税收占比（按时间）

变量	2007—2010 年面板模型	工具变量模型	2011—2013 年面板模型	工具变量模型
土地出让金比重	0.000	0.000	−0.003 ***	−0.003 **
	(−0.001)	(−0.001)	(−0.001)	(−0.001)

续表

变量	2007—2010 年面板模型	工具变量模型	2011—2013 年面板模型	工具变量模型
人均 GDP（万元）	0.001 (-0.018)	0.001 (-0.018)	0.012 (-0.032)	0.015 (-0.029)
GDP	0.000** (0.000)	0.000** (0.000)	0.000 (0.000)	0.000 (0.000)
第二产业占比（%）	0.073*** (-0.008)	0.074*** (-0.008)	0.061*** (-0.014)	0.060*** (-0.012)
第三产业占比（%）	0.085*** (-0.011)	0.091*** (-0.011)	0.129*** (-0.018)	0.128*** (-0.016)
人口（万人）	0.000 (0.000)	-0.001* (0.000)	-0.001** (-0.001)	-0.001** (0.000)
intercept	-1.873** (-0.811)	-2.100*** (-0.779)	-0.507 (-1.389)	-0.452 (-1.242)
省份_年份固定效应	是	是	是	是
城市数量	282	282	283	283
样本数	1073	1073	833	831
R^2	0.561	0.556	0.262	0.259

注：括号内为估计系数的标准差，*、** 和 *** 分别表示在 10%、5% 和 1% 的显著性水平下显著。

四　结论与建议

在当前分税制体制下，地方政府有动力提高地方财政收入水平。“以地生租”说认为，财政缺口大的地方政府为了获得更高的土地出让金，更倾向于以较高的价格出让土地。而“以地生税”则从动态的角度分析本期土地出让金收入和后期税收的关系，认为地方政府有可能采取“拉低工业地价，抬高商住地价”的差异化地价政策，以最大化财政收入。土地财政一方面可能会降低地方政府的税收激励从而减轻地方税收负担水平，另一方面地方政府优化各类土地征收策略而可能增加地方税收负担。本小节从实证角度，检验了土地财政对税收负担的影响。

OLS 和工具变量法的结果都表明，土地出让金比重会降低地方税收占 GDP 比重和企业所得税占 GDP 比重，但是，影响系数在经济学意义上可以忽略不计，而对营业税占 GDP 比重、增值税占 GDP 比重和个人所得税占 GDP 比重统计系数不显著。从税收负担角度考虑，“以地生税”机制并没有发挥太大的作用。而基于投资缓慢调整期（2011—2013 年）的分析则表明，土地财政依赖程度降低，税收负担却有所上升。由于财政支出是刚性的，前期土地财政依赖会对税收占 GDP 比重产生一定的扭曲作用。

第七章　土地资源配置的社会福利效应：基于空间均衡模型分析

前面的章节已经在约简模型的框架下讨论了房地产繁荣和土地资源配置对微观企业投资和空间布局、地区经济转型升级和各类土地出让对土地财政的贡献以及土地财政对税收负担的影响。本部分借鉴 Caliendo 等（2014）的思想，建立中国地区和产业的结构模型，在一般均衡的框架下，考察一个地区土地价格的变动对资源配置和产出的影响。与贸易模型的差异在于，这个模型引入了多个部门建立投入产出之间的联结，并将投入划分为劳动力和土地两类要素，土地仅可在部门间转移，而劳动力可在地区和部门间转移。由于无法得到地区间的贸易数据，我们没有做相应的数据校准和模拟。

举一个例子可以说明约简模型和结构模型的区别。比如，某地市土地出让价格降低，从而引发资本注入建立新企业，新企业对工人需求上升引发劳动力流入，达到新的均衡后，资本和劳动力会在地区间重新分配。约简模型只能描述均衡结果，而刻画土地出让价格变动如何达到新均衡的过程只能由结构模型实现。

第一节　模型基本架构

我们建立了一个包含 N 个地区和 J 个行业的模型。地区为 i{1…，N}，行业为 j{1，…，J}。经济体生产使用两类生产要素，分别为劳动力和资本合成品，该复合资本品由土地和结构（主要是指不能在地区间转移的固定资本，如厂房和不能迁移的设备等）生成。劳动力可以自由地在地区和行业间流动。土地和结构为 H_i，在每个地区是固定的但可以进入任何部门。全部人员规模为 L，每个地区人口为 L_i。某个特定行业产品可能为贸易品，即在支付运输成本后能在地区间贸易，也可能为非贸易品。我们在这个模型中没有考虑国际贸易以及其他国家经济活动。

一　消费者

每个地区的消费者根据其柯布—道格拉斯偏好购买"一篮子"商品，每种产品占个人总最终消费品（c_n^j）份额为 a^j，成交价格 P_n^j。假定类似偏好为一次齐次性，即 $\sum_{j=1}^{J} \alpha^j = 1$。

每个消费者供给 1 单位劳动力并得到相应回报。假定一定比重要素的收入 s 是地区土地和结构复合资本品所带来收入的一部分。所有居民持有同等比重的土地和结构复合资本品，因而获得相同的回报。地区要素的剩余部分归地方政府。地区要素的所有权结构使模型弹性较大，可以匹配观测中地区间贸易非平衡。这个模型允许特定地区的个体能够收到地区要素中的较高收益，但避免了个体财富效应造成的复杂性以及个体持有地区要素造成的差异。l_n 为土地和结构复合资本品所产生地区租金中归于地方政府的部分。

地区 n 居民的收入为：

$$I_n = w_n + \chi + \left(1 - l_n \frac{\gamma_n H_n}{L_n}\right) \tag{7.1}$$

式中，w_n 是工资，γ_n 是土地和结构复合资本品的租金率（土地出让价格的函数，为了行文方便，后文不再区分土地租金率和土地出让价格），$\gamma_n H_n / L_n$ 是从地区 n 租用土地和结构的人均收入。χ 项表示国家土地和结构资产组合的人均回报。

$$\chi = \frac{\sum_{i=1}^{N} l_i r_i H_i}{\sum_{i=1}^{N} L_i} \tag{7.2}$$

式（7.1）中最后一项 $=(1-l_n)\gamma_n H_n / L_n$ 表示政府分配给地区所享有的土地和结构的租金。地区 n 的总收入为：

$$L_nI_n = \omega_nL_n + r_nH_n - \gamma_n \tag{7.3}$$

其中，最后一项 $\gamma_n = l_nr_nH_n - xL_n$ 是地区贸易不平衡项，这来自固定资产国家组合跨地区转移。

地区 n 经济主体的优化问题为：

$$\upsilon \equiv \max_{\{C_n^j\}_{j=1}^J} \prod_{j=1}^{J} (c_n^j)^{\alpha^j}$$

限制式为：

$$\sum_{j=1}^{J} P_n^j C_n^j = I_n$$

物品 j 在地区 n 的总需求为：

$$L_nC_n^j = \alpha^j \frac{L_nI_n}{P_n^j}$$

经济主体可以跨区域自由移动，定位于地区 n 的价值为：

$$\upsilon_n = \frac{w_n + \chi + (1 - l_n)\dfrac{\gamma_nH_n}{L_n}}{P_n} \tag{7.4}$$

式中，$P_n = \sum_{j=1}^{J} (P_n^j/\alpha^j)^{\alpha^j}$ 是地区 n 的加权价格指数。在均衡条件下，劳动力在每个地区间生活无差异，所以有以下均衡条件：

$$v_n = \frac{I_n}{P_n} = U \tag{7.5}$$

二　技术

部门最终产品可以直接用于消费，也可以作为原材料投入各部门中间品的生产。在每个部门，最终产品由该部门内连续的中间品生产。我们将生产最终产品的中间品定义为中间品，而将生产中间品的生产要素定义为原材料。

每个地区 n 和部门 j 的代表性企业生产连续统的中间品，这些中间品的差异在于其生产率不同。在每个部门和地区，生产率水平随机抽取自参数为 θ 的 Frechet 分布。注意：θ 仅在部门上有差异。假定生产率水平随机抽取在产品、部门和地区层面上相互独立。在地区—部门中所有企业的生产率有一个确定的水平 T_n^j。

与异质生产率相关的中间品生产函数表示为：

$$q_n^j(z_n^j) = z_n^j [T_n^j h_n^j(z_n^j)^{\beta_n} l_n^j(z_n^j)^{(1-\beta_n)}]^{\gamma_n^j} \prod_{k=1}^{J} M_n^{jk}(z_n^j)^{\gamma_n^{jk}} \tag{7.6}$$

式中，h_n^j 和 l_n^j 分别表示对复合资本品和劳动力的需求。$M_n^{jk}(z_n^j)^{\gamma_n^{jk}}$ 是部门 j 的企业对部门 k 原材料投入的需求。r_n^{kj} 是部门 j 的产品生产部门 k 原材料所占比重，r_n^j 是部门 j 中增加值占 GDP 比重。假定生产函数规模收益不变，$\sum_{k=1}^{J} \gamma_n^{jk} = 1 - \gamma_n^j$。注意：生产率 T_n^j 与增加值相乘。这个性质确保生产率提高相应造成总产出成比例提高。

生产率为 z_n^j 时中间品的单位生产成本最小化问题为：

$$\min_{\{h_n^j(z_n^j), l_n^j(z_n^j), M_n^{jk}((z_n^j)\}_{k=1}^{J}} \omega_n l_n^j(z_n^j) + r_n^j h_n^j(z_n^j) + \sum_{k=1}^{J} M_n^{jk}(z_n^j)$$

约束式为：

$$z_n^j [T_n^j h_n^j(z_n^j)^{\beta_n} l_n^j(z_n^j)^{(1-\beta_n)}]^{\gamma_n^j} \prod_{k=1}^{J} M_n^{jk}(z_n^j)^{\gamma_n^{jk}} = 1$$

式中，p_n^k 是部门 k 在地区 n 所生产最终产品的价格；x_n^j 表示在地区 n 和部门 j 生产中间品所需投入组合的成本。所以

$$x_n^j = B_n^j [r_n^{\beta_n} \omega_n^{(1-\beta_n)}]^{\gamma_n^j} \prod_{k=1}^{J} (P_n^k)_n^{\gamma^{jk}}$$

式中，$B_n^j = [(1-\beta_n)^{(\beta_n - 1)} \beta_n^{(-\beta_n)}]^{\gamma_n^j} \left[\prod_{k=1}^{J} (\gamma_n^{jk})_n^{-\gamma^{jk}}\right]$。

所以，当生产率 z_n^j 时中间品的单位成本为$\frac{x_n^j}{z_n^j (T_h^j)^{\gamma_h^j}}$。

只要抽取的生产率 z_n^j 大于上面这个单位成本，位于地区 n 在部门 j 经营的企业就会生产这类产品。假定中间品市场充分竞争，企业根据上式所列单位成本为销售至地区 n 的部门 j 产品定价。

让 $p_n^j(z^j)$ 表示一类产品的均衡价格，而所有地区生产率为异质的，以向量形式表示为 $z^j = (z_1^j, z_2^j, \cdots, z_N^j)$。下文将讨论均衡价格形成。既然生产函数为柯布—道格拉斯形式，利润最大化意味着投入品需求 $h_n^j(z_n^j)$、$l_n^j(z_n^j)$ 和 $M_n^{jk}(z_n^j)$ 满足以下条件：

$$\frac{h_n^j(z_n^j) r_n}{p_n^j(z^j) q_n^j(z_n^j)} = r_n^j \beta_n \tag{7.7}$$

$$\frac{l_n^j(z_n^j)\omega_n}{p_n^j(z^j)q_n^j(z_n^j)}=r_n^j(1-\beta_n) \tag{7.8}$$

$$\frac{P_n^k M_n^{jk}(z_n^j)}{p_n^j(z^j)q_n^j(z_n^j)}=r_n^{jk} \tag{7.9}$$

地区 n 部门 j 的最终产品由部门 j 的中间品生成。地区 n 部门 j 的最终产品数量表示为 Q_n^j，$\tilde{q}_n^j(z^j)$ 表示某类最终产品生产所需的中间品数量，不同地区的生产率实现值是 $z^j=(z_1^j,\ z_2^j,\ \cdots,\ z_N^j)$。最终产品的生产函数为：

$$Q_n^j = \left[\int \tilde{q}_n^j(z^j)^{1-1/\eta_n^j}\phi^j(z^j)\,dz^j\right]^{\eta_n^j/(\eta_n^j-1)} \tag{7.10}$$

式中，$\phi^j(z^j) = \exp\left[-\sum_{n=1}^{N}\phi^j(z_n^j)^{-\theta^j}\right]$ 表示向量 z^j 的联合密度函数，边际密度函数表示为 $\phi_n^j(z_n^j)=\exp\{-(z_n^j)^{-\theta^j}\}$，即联合密度函数在 R_+^N 上积分。对于非贸易部门，由于最终产品只能在本地生产，相关的密度退化为 $\phi_n^j(z_n^j)$。

最终产品的生产者解决以下利润最大化问题：

$$\max_{\{\tilde{q}_n^j(z^j)\}_{R_+^N}} P_n^j Q_n^j - \int p_n^j(z^j)\tilde{q}_n^j(z^j)\varphi^j(z^j)\,dz^j \tag{7.11}$$

式中，$P_n^j(z^j)P$ 表示中间品的价格。由此，需求函数表示为：

$$\tilde{q}_n^j(z^j)=\left(\frac{P_n^j(z^j)}{P_n^j}\right)^{-\eta_n^j}Q_n^j \tag{7.12}$$

式中，P_n^j 是地区 n 部门 j 的价格指数。最终产品生产者自由进入和生产者之间的竞争意味着零利润。

第二节　均衡下价格与市场出清

最终产品不可贸易，可贸易部门的中间品进行贸易需要支付成本。部门 j 的 1 单位中间品从地区 i 运往地区 n 需要生产 $k_{ni}^j>1$ 单位，非贸易部门中间品需要 $k_{ni}^j=\infty$。所以，选定生产率实现向量为 z^j，$p_n^j(z^j)$ 由生产最低单位成本和地区调整差价 k_{ni}^j 决定，即：

$$p_n^j(z^j)=\min_i\left\{\frac{k_{ni}^j x_i^j}{z_i^j(T_i^j)^{\gamma_i^j}}\right\}$$

给定异质生产率分布，我们依照伊顿和科滕（Eaton and Kortum, 2002）所提供的方法来解出价格的分布。对于给定的可贸易部门 j，最终产品 j 在地区 n 的价格为：

$$p_n^j=\Gamma(\zeta_n^j)^{1-\eta_n^j}\left[\sum_{i=1}^{N}\left[x_i^j k_{ni}^j\right]^{-\theta^j}(T_i^j)^{\theta^j\gamma_i^j}\right]^{-1/\theta^j} \tag{7.13}$$

式中，$\Gamma(\zeta_n^j)$ 是 Γ 函数在 $\zeta_n^j=1+(1-\eta_n^j)/\theta_n^j$ 处的值。当 j 为非贸易部门时，价格指数则为：$p_n^j=\Gamma(\zeta_n^j)^{1-\eta_n^j}\chi_n^j(T_n^j)^{-\gamma_n^j}$。

地区劳动力市场出清需要以下条件：

$$\sum_{j=1}^{n}L_n^j=\sum_{j=1}^{n}\int_n^{\infty}l_n^j(z)\phi_n^j(z)\,\mathrm{d}z=L_n,\text{对于所有 } n\in\{1,\cdots,N\} \tag{7.14}$$

式中，L_n^j 表示地区 n 中部门 j 的劳动力数量，全国劳动力市场出清表示为 $\sum_{n=1}^{N}L_n=L$。在区域均衡下，土地和结构复合资本品需要满足以下条件：

$$\sum_{j=1}^{n}H_n^j=\sum_{j=1}^{n}\int_n^{\infty}h_n^j(z)\phi_n^j(z)\,\mathrm{d}z=H_n,\text{对于所有 } n\in\{1,\cdots,N\} \tag{7.15}$$

式中，H_n^j 表示地区 n 中部门 j 的土地和结构复合资本品。中间品厂商的利润最大化和其他均衡条件要求以下公式成立：

$$\gamma_n H_n=\frac{\beta_n}{1-\beta_n}\omega_n L_n,\ \text{对于所有 } n\in\{1,\ \cdots,\ N\}$$

定义 $\omega_n\equiv(\gamma_n/\beta_n)^{\beta_n}\left[\beta_n/(1-\beta_n)\right]^{(1-\beta_n)}$。劳动力自由流动意味着，$L_n=H_n\left[\frac{\omega_n}{P_n U}\right]^{\frac{1}{\beta_n}}$。结合劳动力市场出清条件，地区 n 的劳动力投入表示为：

$$L_n=\frac{H_n\left[\frac{\omega_n}{P_n U}\right]^{1/\beta_n}}{\sum_{i=1}^{N}H_i\left[\frac{\omega_i}{P_i U}\right]^{1/\beta_i}}L \tag{7.16}$$

还需要最终产品和中间品市场出清条件。地区最终产品市场出清时下式成立：

$$L_n c_n^j + \sum_{k=1}^{J} M_n^{kj} = L_n c_n^j + \sum_{k=1}^{J} \int_0^{\infty} M_n^{kj}(z)\varphi_n^k(z)\,dz$$
$$= Q_n^j \tag{7.17}$$

式中，$j \in \{1, \cdots, J\}$，$n \in \{1, \cdots, N\}$，M_n^{kj} 代表地区 n 部门 j 的中间品在部门 k 的应用。让 X_n^j 表示地区 n 在最终产品 j 上的花费。最终产品在每个地区市场上都出清意味着：

$$X_n^j = \sum_{k=1}^{J} \gamma_n^{kj} \sum_{i=1}^{N} \pi_{in}^k X_i^k + \alpha^j I_n L_n \tag{7.18}$$

式中，π_{in}^k表示地区 n 在部门 j 上的总花费中购自地区 i 的比重。参照伊顿和科滕（2002），以及阿尔瓦雷兹和卢卡斯（Alvarez and Lucas, 2007），可以很方便地定义中间品市场上的均衡，以及以贸易和花费比重形式定义的贸易流量，而非与特定品种相联系的贸易和花费。

定义 $\mathrm{X}_\mathrm{n}^\mathrm{j} = \sum_{\mathrm{k}=1}^{\mathrm{J}} \gamma_\mathrm{n}^\mathrm{kj} \sum_{\mathrm{i}=1}^{\mathrm{N}} \pi_\mathrm{in}^\mathrm{k} \mathrm{X}_\mathrm{i}^\mathrm{k} + \alpha^\mathrm{j} \mathrm{I}_\mathrm{n} \mathrm{L}_\mathrm{n}$，最终产品部门零利润意味着在特定部门中间品的花费与该部门最终产品带来的收入相等。给定 Frechet 分布，中间品市场均衡意味着：

$$\pi_{ni}^j = \frac{X_{ni}^j}{X_n^j} = \left(\Gamma(\zeta_n^j)^{1-\eta_n^j} \frac{k_{ni}^j x_i^j}{(T_i^j) P_n^j}\right) \tag{7.19}$$

在非贸易部门 $\mathrm{k}_\mathrm{ni}^\mathrm{j} = \infty$ 时，对于 $\mathrm{n} \in \{1, \cdots, \mathrm{N}\}$，所以，$\pi_\mathrm{nn}^\mathrm{j} = 1$。

在均衡条件下，对于任何地区，来自其他地区的全部花费一定等于向其他地区出售中间品的全部收益，所以：

$$\sum_{j=1}^{J} \sum_{i=1}^{N} \pi_{ni}^j X_n^j + \gamma_n = \sum_{j=1}^{J} \sum_{i=1}^{N} \pi_{in}^j X_i^j \tag{7.20}$$

贸易一般在地区上并不平衡，因为收入方面也不平衡，某个地区可能是土地和结构复合资本品全部收益的净流入者，而另一地区可能是净流出者。所以，本模型由于所有权结构的原因，会出现贸易不平衡，这些不平衡如何受基本生产率变动的影响。在后面，我们解释如何利用地区贸易不平衡信息估算决定所有结构的参数 $\{\mathrm{l}_\mathrm{n}\}_\mathrm{n}^\mathrm{N} = 1$。

给定要素供给 L 和 $\{\mathrm{H}_\mathrm{n}\}_{\mathrm{n}=1}^\mathrm{N}$，这个经济的竞争性均衡由下面一系

列变量决定：效用水平 U、每个地区一系列要素价格、每个部门的劳动力和结构分配、最终产品花费、人均最终产品消费量、最终品价格 $\{L_n^j, H_n^j, X_n^j, c_n^j, P_n^j\}_{n=1,J=1}^{N,J}$，两地区间每个部门原材料使用、$\{M_n^{jk}\}_{n=1,J=1,K=1}^{N,J,J}$、地区转移 $\{\gamma_n\}_n^N=1$ 两地区每个部门中间品花费比重 $\{\pi_{ni}^j\}_{n=1,i=1,j=1}^{N,N,J}$。当消费者、中间品和最终品生产者的优化条件都成立时，由此市场达到出清状态，总贸易平衡，并且消费者效用在地区间是相同的。

第三节 全要素生产率、国内生产总值和社会福利的总量及变化量

给定我们刚确立的模型，本部分描述土地出让价格如何影响在地区和产业层面的全要素生产率（TFP）、国内生产总值（GDP）和社会福利。这些测算需要利用产业和地区贸易数据及相关计算，由于无法得到地区间的贸易数据，我们不能完成数据模拟部分。以下只能列出相关变量之间的关系，无法判断影响幅度的大小。

一 TFP 测算

在地区 n 产业 j 的生要素生产率可以按式（7.21）测算。

$$\ln A_n^j = \ln \frac{\omega_n L_n^j + \gamma_n H_n^j + \sum_{k=1}^{J} P_n^k M_n^{jk}}{P_n^j} - (1-\beta_n)\gamma_n^j \ln L_n^j - \beta_n \gamma_n^j \ln H_n^j - \sum_{k=1}^{J} \gamma_n^{jk} \ln M_n^{jk} \tag{7.21}$$

第一项为地区 n 产业 j 的总产出的价值，可以用 Y_n^j/P_n^j 表示。注意：在非贸易部门中，这一值等同于 Q_n^j。后面三项表示取 *log* 的总投入。这个方程表明，我们可以用总产出和最终产品价格来测算地区—产业 TFP。由式（7.7）、式（7.8）和式（7.9）可得：

$$Y_n^j = \omega_n L_n^j + \gamma_n H_n^j + \sum_{k=1}^{J} P_n^k M_n^{jk} = \frac{\omega_n L_n^j}{\gamma_n^j (1-\beta_n)} \tag{7.22}$$

所以，我们可以在基本生产率 $\hat{T}_n^j$ 变化后，利用投入成本变化相对于最终产品价格变化的比率，计算 TFP 的变化，即：

$$\ln \hat{A}_n^j = \ln \frac{\hat{\chi}_n^j}{\hat{P}_n^j} = \ln \frac{(\hat{T}_n^j)^{\gamma_n^j}}{(\hat{\pi}_{nn}^j)^{1/\theta^j}} \tag{7.23}$$

第二个等式由（7.19）得到。式（7.23）对于理解在地区—产业基本生产率$\hat{T}_n^j$ 变化后 TFP 变化的来源非常重要。

首先考虑经济体中贸易成本无限大的情况，即对于所有产业 j，$j^{k_{hi}^j} = \infty$，由于贸易无法进行，所有地区$\pi_{nn}^j = 1$。进一步地，我们忽略物质投入，产出增加值比重等于 1，$\gamma_n^j = 1$。在这个经济体中，我们用 NRNS 表示“没有地区贸易和产业联结”，式（7.23）表明全要素生产率变化等于基本生产率$\hat{T}_n^j$ 的变化。任何地区上某个行业的基本生产率变化都转化为该地区部门 TFP 的同等变化，而对其他地区和行业没有影响。

如果存在任何部门和产业之间的关联，这一基本生产率和 TFP 的关系在 $\ln \hat{A}_n^j = \ln \hat{T}_n^j$ 的情况下不再成立。首先考虑产业关系，所以 $\gamma_n^j < 1$ 但无贸易（NRS 表示“没有地区贸易但有产业关联”）。在此情形下，式（7.23）表明基本生产率变化$\hat{T}_n^j$ 并没有一对一地影响到 TFP。原因在于基本生产率变化影响该地区增加值的生产率，但不会影响到投入物质生产地区和产业的税率。所以，在投入产出关系时，基本生产率$\hat{T}_n^j$ 对地区 n 中产业 j 的 TFP 的效应将减为 $1 - \gamma_n^j = \sum_{k=1}^{J} \gamma_n^{jk}$。

这最后一个结果源自生产率变化会成比例地影响增加值而非产出的假定（Acemoglu et al.，2012）。如果生产率转而影响所有总产出，那些加工原材料的地区没有增加劳动力和资本的价值，也会无成本地实现产出增长。这种替代模型意味着基本生产率变化带来非常大的实际 GDP。在本部分技术假定下，基本生产率变化成比例地影响实际 GDP。

非常明显，如果切断贸易关联，经济体中地区和部门的特定变化对其他任何地区的 TFP 都没有影响。反之，生产率变化由贸易关联会传递到地区和部门。地区贸易对生产率的主要作用可能来源于选择效应。所以，令贸易成本 K_{ni}^j 在贸易部门取有限值，首先考虑那些经历了基本生产率变化的地区和部门。式（7.23）意味着贸易效应最终通过地区自身中间投入品$\hat{\pi}^j_{nn}$份额的变化加总起来。既然基本生产率在地区和部门的增长提高了该地区和部门的比较优势，这通常会提高$\hat{\pi}^j_{nn}$（$\hat{\pi}^j_{nn}>1$）。同样，这降低了 i 不等于 n 地区的π^k_{ii}，因为其他地区和部门现在从地区 n 购买更多部门 j 的中间品。所以，由于$\theta^j>0$，贸易减少了基本生产率升高对地区和部门 TFP 的影响，因为基本生产率也提高了其他地区和部门的 TFP。

直觉上，影响支出份额变化发生作用的选择效应工作原理如下。当所有人从经历基本生产率增长的地区—部门（n，j）购买更多商品，这一地区—部门生产出更多种类的中间品。但是，这些新种类的中间品并非以前生产过的，所有其异质生产率比先前生产中间品的生产率更低。这一负向选择效应部分地抵消了基本生产率变化的正向效应。在其他地区—部门（i，j），i≠n，相反的效应发生作用。由于其他地区没有直接经历基本生产率变化，这些地区中间品的贸易份额下降。所以，那些继续在这些地区生产的中间品相对有较高的异质生产率，因而带来本地区较高的总体 TFP。所有这些贸易相关效应都存在，无论是否考虑物质投入（RS 或 RNS）。

二　计算总体、地区和部门 TFP

地区和部门 TFP 是基于式（7.21）中的总产出计算而得，我们利用总产出价值为权重将 TFP 加总到地区、产业或国家层面。地区和部门的 TFP 变化可以简单地加权平均得到每个地区—部门的 TFP，权重就是相应总产出价值份额。所以，总产出价值Y^j_n由式（7.22）计算，地区 TFP 变化表示为劳动力和土地价格以及其他参数的函数：

$$\hat{A}_n = \sum_{j=1}^{J} \frac{Y^j_n}{\sum_{j=1}^{J} Y^j_n} \hat{A}^j_n = \sum_{j=1}^{J} \frac{\dfrac{\omega_n L^j_n}{\gamma^j_n(1-\beta_n)}}{\sum_{j=1}^{J} \dfrac{\omega_n L^j_n}{\gamma^j_n(1-\beta_n)}} \hat{A}^j_n \tag{7.24}$$

部门 TFP 变化同样可以表示为劳动力和土地价格以及其他参数的函数：

$$\hat{A}_n = \sum_{j=1}^{J} \frac{Y_n^j}{\sum_{n=1}^{N} Y_n^j} \hat{A}_n^j = \sum_{n=1}^{N} \frac{\dfrac{\omega_n L_n^j}{\gamma_n^j (1 - \beta_n)}}{\sum_{n=1}^{N} \dfrac{\omega_n L_n^j}{\gamma_n^j (1 - \beta_n)}} \hat{A}_n^j \tag{7.25}$$

同理，总 TFP 变化表示为：

$$\hat{A} = \sum_{j=1}^{J} \sum_{n=1}^{N} \frac{Y_n^j}{\sum_{j=1}^{J} \sum_{n=1}^{N} Y_n^j} \hat{A}_n^j = \sum_{j=1}^{J} \sum_{n=1}^{N} \frac{\dfrac{\omega_n L_n^j}{\gamma_n^j (1 - \beta_n)}}{\sum_{j=1}^{J} \sum_{n=1}^{N} \dfrac{\omega_n L_n^j}{\gamma_n^j (1 - \beta_n)}} \hat{A}_n^j \tag{7.26}$$

实际 GDP 由总产出减去物质投入支出得到。由式（7.7）、式（7.8）、式（7.9）和要素市场均衡条件，实际 GDP 变化表示为$\ln \widehat{\text{GDP}}_n^j = \ln \dfrac{\hat{\omega}_n \hat{L}_n^j}{\hat{P}_n^j} = \ln \hat{\omega}_n + \ln \hat{L}_n^j - \ln \hat{P}_n^j$。将$\hat{P}_n^j = \dfrac{(\hat{\pi}_{nn}^j)^{\frac{1}{\theta^j}} \hat{X}_n^j}{(\hat{T}_n^j)^{\gamma_n^j}}$代入这个表达式，则地区—部门由基本生产率$\hat{T}_n^j$变化带来的 GDP 变化表示为：

$$\begin{aligned} \ln \widehat{\text{GDP}}_n^j &= \ln \frac{(\hat{T}_n^j)^{\gamma_n^j}}{(\hat{\pi}_{nn}^j)^{1/\theta^j}} + \ln \hat{L}_n^j + \ln\left(\frac{\hat{\omega}_n}{\hat{\chi}_n^j}\right) \\ &= \ln \hat{A}_n^j + \ln \hat{L}_n^j + \ln\left(\frac{\hat{\omega}_n}{\hat{\chi}_n^j}\right) \end{aligned} \tag{7.27}$$

式中，第二个等式后的表达式使用了式（7.23）。

式（7.27）分解了由某地区和部门由于出让土地价格变动引起的基本生产率$\hat{T}_n^j$变化带来的 GDP 变化。第一项表示由于出让土地价格变动引起的地区基本生产率变化对总体 TFP 的影响，TFP 与产出成比例变动。换言之，由中间品和投入产出关联带来的选择效应对 TFP 和实际 GDP 发挥同等作用。除了此效应，GDP 还受由第二项和第三项表示的其他两个因素的影响。

式（7.27）第二项描述了劳动力在地区和产业间流动对 GDP 的影响。吸引人口向特定地区—部门转移的正向生产率增长会根据转移劳动力数量 $\ln L_n^j$ 成比例地影响 GDP。原因在于所有地区—部门（n, j）要素都以相同比例变化，而中间品生产函数是规模经济不变。当基本 TFP 正向变动时，劳动力转移也正向变动。

式（7.27）第三项对应于由土地价格变动和基本 TFP 变化引发的要素价格变动。首先考虑没有物质（RNS）的情形。在此情形下，$\ln(\hat{\omega}_n/\hat{\chi}_n) = \beta_n \ln(\hat{\omega}_n/\hat{\gamma}_n) = \beta_n \ln(1/\hat{L}_n)$，由于土地和结构复合资本品是固定的，因而不会对 T_n^j 的变动做出反应。而劳动力可以跨区域流动，正向生产率变动会吸引劳动力集聚，从而提升土地和结构复合资本品价格的力度大于对工资的提升作用。相对于前两项成比例增长，这一机制会降低真实 GDP。收益由于地区固定要素而存在规模递减，这意味着，向某个地区转移人口限制了当地固定资产等资源，在某种程度上抵销了由于劳动力流入产生的 GDP 正向增长效应。在那些生产率没有增长的地区，反方向效应存在，所以，第二项和第三项分别为负和正。当我们考虑物质投入时，这些力量也存在。在此种情形下，相对比率是工资变化相对于投入品成本的变化 x_n^j。投入品包括租金率和所有物质的价格。所以，全面评估土地价格变动和基本生产率变化的效应需要量化方法。需要注意的是，后两个渠道之间可以相互反馈。

注意，当考虑生产率正向变化对整体经济影响时，最终 GDP 的变化可能大于或小于最初的变化幅度。式（7.27）中最后两项的总体效应取决于劳动力转移的直接效应是否大于对劳动力转入地区当地资源的限制效应，以及那些工人转出地区固定要素使用的强度。所以，这些效应的规模和符号取决于经济体中 H_n 和劳动力 L_n 的分布，以及生产率变动是否提升不同地区间工资—成本比率的离散度。如果土地价格变动和地区基本生产率变动导致工人向缺乏土地和结构复合资本品的地区转移，加上式（7.27）中后两项可能为负或非常小。相反，如果土地价格变动和地区基本生产率变动使劳动力转向本地固定要素丰富的地区，则后两项的影响就会为正。非常明显，无论何种情形，必须还要加上土地价格变动和地区基本生产率变动对 TFP 的直接效应。这三个不同的机制突出了地理分布以及各个部门技术进步的重要性。即便在帕累托有效的均衡分配下，技术进步通常能够改进社会福利。

最后，需要注意的是，在总体生产率变动情形下，劳动力在地区间的分布并没有变化，因为当所有地区受到相似影响时，人们不会转移到其他地区。所以，TFP 和 GDP 在此种情形下只能成比例增长。

三 计算总体、地区和部门真实 GDP

给定真实 GDP 测度增加值，我们利用不变价格下增加值比重来实现加总。把部门和地区增加值在基年的比重分别表示为：

$$\nu_n^j = \frac{\omega_n L_n^j + \gamma_n H_n^j}{\sum_{j=1}^{J}(\omega_n L_n^j + \gamma_n H_n^j)} \text{和} \zeta_n^j = \frac{\omega_n L_n^j + \gamma_n H_n^j}{\sum_{n=1}^{N}(\omega_n L_n^j + \gamma_n H_n^j)}$$

土地价格变动和地区基本生产率变动导致的地区真实 GDP 变化表示为：

$$\widehat{\text{GDP}}_n = \sum_{j=1}^{J} \upsilon_n^j \widehat{\text{GDP}}_n^j \tag{7.28}$$

同样，部门真实 GDP 变化表示为：

$$\widehat{\text{GDP}}^j = \sum_{n=1}^{N} \zeta_n^j \widehat{\text{GDP}}_n^j \tag{7.29}$$

最后，GDP 总变化表示为：

$$\widehat{\text{GDP}}^j = \sum_{n=1}^{N} \zeta_n^j \widehat{\text{GDP}}_n^j \tag{7.30}$$

式中，$\phi_n^j = \frac{\omega_n L_n^j + \gamma_n H_n^j}{\sum_{j=1}^{J}\sum_{n=1}^{N}(\omega_n L_n^j + \gamma_n H_n^j)}$ 是地区部门产出在期年增加值占比。

$$\ln \hat{U} = \sum_{j=1}^{J} \alpha^j \left[\ln \hat{A}_n^j + \ln\left(\varpi_n \frac{\hat{\omega}_n}{\hat{\chi}_n^j} + (1 - \varpi_n) \frac{\hat{\chi}}{\hat{\chi}_n^j} \right) \right] \tag{7.31}$$

式中，$\varpi_n = \frac{(1-\beta_n l_n)\ \omega_n}{(1-\beta_n l_n)\ \omega_n + (1-\beta_n)\ \chi}$。注意：如果对所有 $l_n = 0$，$\chi = 0$ 并且 $\varpi_n = 1$，在此情形下，$\ln \hat{U} = \sum_{j=1}^{J} \alpha^j \left(\ln \hat{A}_n^j + \ln \frac{\hat{\omega}_n}{\hat{\chi}_n^j} \right)$。

四 社会福利

下面讨论某地区和部门由于出让土地下降引起的基本生产率变动所产生的福利效应，利用式（7.3）、式（7.7）和式（7.8），福利变动由 $\hat{U} = \hat{I}/\hat{P}$ 决定。利用 P_n 及式（7.19）和式（7.23），我们得到：

$$\ln \hat{U} = \sum_{j=1}^{J} \alpha^j \left[\ln \hat{A}_n^j + \ln\left(\varpi_n \frac{\hat{\omega}_n}{\hat{\chi}_n^j} + (1 - \varpi_n) \frac{\hat{\chi}}{\hat{\chi}_n^j} \right) \right] \tag{7.32}$$

其中，$\varpi_n = \dfrac{(1-\beta_n l_n)\ \omega_n}{(1-\beta_n l_n)\ \omega_n + (1-\beta_n)\ \chi}$。如果$\chi = 0$且$\varpi_n = 1$，那么$\ln \hat{U} = \sum_{j=1}^{J} \alpha^j \left(\ln \hat{A}_n^j + \ln \dfrac{\hat{\omega}_n}{\hat{\chi}_n^j} \right)$。

某地区和部门由于出让土地价格变动引起的基本生产率变动T_n^j通过三个渠道影响福利。

第一，它影响所有部门由消费加权的总体生产率TFP。

第二，出让土地价格变动引发的劳动力流动影响投入要素组合中劳动力成本的占比$\ln(\hat{\omega}_n/\chi_n^j)$。当我们在RNS情形不考虑物质投入，第二项等同于劳动力价格相对于土地和结构复合资本品的变化。换言之，即是劳动力变化的相反数。所以，当地区—部门（n，j）经历基本生产率上升时，它会从总体生产率TFP增长中获益，而从劳动力流入中受损。在那些没有经历生产率增长地区，劳动力减少而总体生产率TFP增长（由于选择效应使留存部分生产率更高），所以，两个对福利都产生正效应。一旦考虑部门之间物资投入的关联，这些机制会更复杂，分析需要计算和校准模型。如式（7.31）所示，社会福利反映人均真实GDP在部门间的加权平均。

第三，土地价格变动和生产率变动通过土地和结构复合资本品收益在不同地区的分配，进而影响社会福利，即个体所收到实际收入会发生变化。

基于空间均衡模型研究的政策含义需要结合模型校准，才能得到量化的结果。基于理论分析的研究结论表明，各地区土地资源配置政策需要协调，才能发挥预期的作用。各地区之间劳动力市场、贸易品市场和资本市场都是相关联的，大部分生产要素和贸易品可以跨区域交易。所以，土地等不可跨区域流动的生产要素市场价格的变动，也会通过经济联系在地区之间传导。在制定适当的地区土地资源配置政策时，要基于一般均衡的框架充分考虑地区间的经济联系和相互作用。

第八章 政府主导土地开发模式中的金融加速器效应

第一节 引言

在中国经济高速发展过程中，地方政府投资的基础设施建设对经济和社会的发展发挥了重要的支撑作用，为吸引外商直接投资、推动经济增长做出重要贡献（张军等，2007；Qian and Bai，2010）。1994年分税制改革后，地方可用财力普遍匮乏，地方政府逐渐形成以土地财政和土地抵押为核心的土地开发模式，依靠地方债务来融通基础设施投入所需资金。特别是在2012年后，设立城投公司或融资平台以发行城投债，成为地方政府重要的融资手段（郑思齐等，2014；陈菁和李建发，2015）。因此，研究这种依靠土地财政和地方债务融资，通过投资基础设施建设推动工业增长和房地产业发展的土地开发模式，对理解经济增长的中国模式具有重要的理论和实践意义。

依靠地方债务融资的土地开发模式关键在于维持债务的可持续性。只要商住用地持续上涨和工业投资不断增加，地方政府至少可以举新债还旧债，实现债务的双重引资渠道来推动地区增长（范剑勇和莫家伟，2014）。从动态角度看，当融资所实施的基础设施投资完成后，工业和商住用地的地租增值很大一部分转化为未来一轮的土地财政收入，如果预期未来土地增值额超过债务增加额，那么地方债务的有效清偿是有所保障的。由此，宏观经济的繁荣程度对土地财政水平与地方债务的跨期关系有重要影响，形成政府土地开发模式中的金融加速器效应：当宏观经济增速较高，土地增值预期较强，那些土地财政水平高的地方政府，由于经济主体“追涨”的心理反而更容易实现融资；当宏观经济增速下降时，土地增值预期减弱，经济主体“杀跌”的心理起主导作用，那些土地财政水平高的地方政府此时更需要融资保证土地财政和基础设施建设的持续性，却无法得到资金支持。

部分学者已经注意到这类土地开发模式可能形成的地方债务问题。根据国家审计署发布的数据，地方债务在2010年后大幅增加，截至2015年年底，地方债务达到16万亿元，占综合财力比重为89.2%。地方债务不仅包括以储备土地为抵押的直接负债，还包括以未来土地出让收益为担保的间接负债。从清偿的角度看，地方财政收入在2010年后更是在很大程度上来自土地出让收益。

基于土地的金融加速器的思想，Liu、Wang和Zha（2013）考察了土地的担保机制和再分配机制之间相互强化的作用。前者提升了借款人的净资产从而扩张信贷和产出，而后者造成信贷约束者与信贷非约束者竞争土地而推高土地价格和担保价值。Mian和Sufi开展了一系列针对美国2000年以后房地产市场对宏观经济影响的研究，重点讨论了房屋资产价值对房屋拥有者所产生的金融加速器效应，发现房屋价值变动对家庭借贷、消费和非贸易行业就业产生重要影响（Mian and Sufi，2009；2011；2013）。与这些以私人部门为主体的研究不同，本部分讨论了以政府为主体的土地金融加速器效应。

基于地市城投债融资数据，本书从动态视角讨论土地金融加速器效应。具体而言，本书分别利用2010—2012年宏观经济扩张期和2013—2015年宏观经济放缓期数据，研究政府土地开发中的金融加速器效应。实证结果验证了以土地融资为核心的中国特色土地开发模式的金融加速器效应：当宏观经济扩张期时，前期土地财政水平与后期城投债融资规模和次数呈正相关关系；当宏观经济增速放缓时，这些关系呈负相关关系。同时，土地金融加速器效应主要来自以商住用地为主的土地开发模式。更为重要的是，土地金融加速器发挥效应依赖于财政分权体制和地方官员晋升锦标赛等制度性因素。

与已有文献相比，本书主要有以下两个方面的贡献：第一，基于动态视角，首次研究了地方政府开发土地所形成的金融加速器效应。现有关于土地开发模式的研究一般停留在土地财政的成因和负面影响方面，但很少有文献从动态角度讨论土地开发模式和地方债务融资之间的关系。具体而言，我们考察了宏观经济扩张期和放缓期土地金融加速器效应的异质性表现。地方政府土地开发模式的可持续性有赖于宏观经济繁荣和土地增值预期，土地增值预期使土地的可持续性不会遭到质疑，因而土地开发规模扩张向投资者释放了良好的信号，增加了地方政府的债务融资。当宏观经济增速放缓时，土地增值的预期遭到质疑，过度扩张的土地开发规模会降低地方政府的融资规模。此外，关于土地金融加速器效应的现有研究以私人部门为主体，本书发现了地方政府主导的土地金融加速器效应。第二，区分了以商住用地为主的土地开发模式和以工业用地为主的土地开发模式，研究了两种土地开发模式而产生不同的土地金融加速器效应。以商住用地为主的土地开发模式造成房地产等部门的过度繁荣，很大程度上驱动了地方政府的土地金融加速器效应。

第二节　制度背景和理论分析

1994 年分税制改革后形成的财政集权是中国特色土地开发模式的制度基础。1994 年分税制改革后，地方财政收入占比迅速从改革前的接近 80% 下降为不足 50%，这一比重在改革后长期保持稳定（见图 8－1）。与此同时，地方财政支出占比在 2000 年后呈现逐年攀升的态势。以财政收入上收、支出责任下压为特点的分税制改革使地方财政成为“吃饭财政”，无力投入城市基础设施和土地开发，大量依靠土地出让收入和土地抵押贷款融资（陶然等，2007；周业安和章泉，2008）。在 2008 年国际金融危机后，中央“四万亿”经济刺激政策鼓励地方拓宽融资渠道，以城市基础设施为投向的地方性债务更是大幅增加（Shih，2010）。

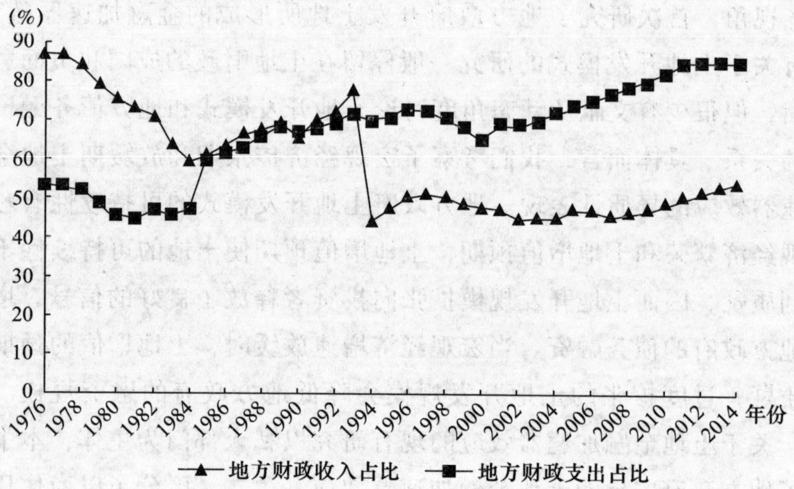

图 8-1　地方财政收入和地方财政支出占比（1976—2014 年）

资料来源：历年《中国统计年鉴》。

地方政府面临的激励约束是形成中国特色土地开发模式的重要原因。在当前体制下，地方政府过度举债的激励非常强。本质上，地方债务可以实现资金跨期之间的替代，只要未来财政预算盈余能偿还当期债务，就能实现跨期预算平衡（庞晓波和李丹，2015）。然而，与国有企业类似，地方政府预期当债务情况不佳时，中央政府将实施破产救助，从而面临严重的预算软约束问题（龚强等，2011；王永钦等，2015）。特别是在财政分权和地区竞争的体制下，地方官员任期缩短造成目标短期化，把地方债务作为地区经济增长重要的短期杠杆，过度举债很难避免（周黎安等，2013；范剑勇和莫家伟，2014）。

中国独特的土地开发制度也是催生独具特色的土地经营和城市经营模式的重要推手。地方政府通常租售公有土地，或利用土地开发规制权为基础设施融资（Peterson，2009）。一般而言，如果政府支出不变，只能通过增加举债来抬高长期利率，促进消费，所挤出的长期私人投资降低了经济增长水平。但在中国情境下，地方政府可以通过举债来提升产出水平。一方面，地方债务融资直接投资基础设施，扩张性支出直接转化为当期 GDP，其价值后续会资本化到工业和商住用地的价格中；另一方面，地方债务融资用于直接开发工业储备土地，通过提高工业用地面积来压低工业地价，扩大工业招商引资的规模和税收基础（范剑勇和莫家伟，2014；郑思齐等，2014）。

基础设施资本化到土地或房屋价格是实现土地开发滚动发展的重要环节。在财政联邦主义制度下，选民可以采用“用脚投票”机制来抬高基础设施好的地区房屋价格，形成有效的基础设施资本机制（Oates，1969）。希尔伯和梅耶（Hilber and Mayer，2001）发现，土地弹性较小有助于基础设施资本化到房价中。在中国，获取土地出让金成为地方政府公共品供给（包括基础设施）的重要动因，公共服务（包括基础设施）的时序特征影响地方政府提供该公共服务的激励，交通基础设施能够资本化到土地出让收入中，地方政府由于“捕获”资本化收入能力强而加大此类投入（左翔和殷醒民，2013，2014；汤玉刚等，2015）。

地方政府的土地经营策略内生于基本条件约束。由于面临资本要素流动、制造业和服务业的产业关联及其地方政府对土地市场的垄断等约束条件，地方政府竞争的策略是压低工业用地价格，而拉高商住用地价格。一方面，通过横向竞争资本来大力发展制造业；另一方面，由于制造业通过产业关联可以产生对于商业和房地产等服务业的溢出效应，这些产业的发展和土地市场的垄断使高地价成为可能。所以，制造业的快速发展对于地方政府可谓“一举两得”，不仅带来了增值税和企业所得税等直接收益，还带来了营业税和土地出让收入等间接收益。由此，可以解释地方政府为什么热衷于发展制造业和制造业通过“溢出效应”而带动土地出让金的增长机制（Su et al.，2012；张军，2012；Zhang，2012）。Han 和 Kung（2012）提供的证据也表明，由于不能分享企业税，地方政府从推动工业增长转向城镇化以求从营业税等税收中获得财政收入。

以土地财政和地方债务为资金融资渠道的土地开发模式概括如图 8－2 所示。图 8－2 中，实线表示当期关系，虚线表示未来期关系。从静态视角看，通过土地财政以及主要以土地为抵押的地方债务融资，积累资金投资建设基础设施，进而招商引资促进工业增长，同时可以拉动房地产繁荣。从动态角度看，工业和房地产发展形成的税收可以用来偿还上期债务。此外，基础设施等投资的价值也会通过工业发展和房地产开发等方式资本化到未来土地出让价值中，形成良性循环。

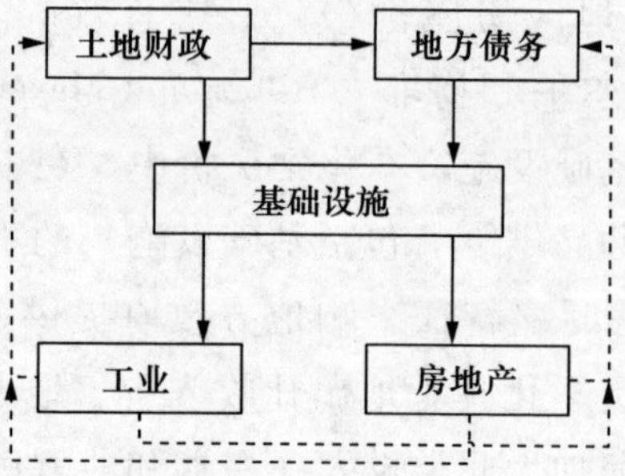

图8－2　以土地财政和地方债务为融资渠道的土地开发模式

这种土地财政、地方债务融资和基础设施建设互动机制，随着土地增值预期的变化而形成地方政府的土地金融加速器效应。如果预期土地价值上涨，地方政府可以在本期以土地作为抵押顺利地实现融资，扩张基础设施建设，同时本期引进工业资本扩大下一期财政收入的基础，并依靠基础设施资本化效应抬高下一期商住用地价格来增加商住用地出让收入（杨继东等，2016；汤玉刚等，2015）。同时，对于前期积累到期债务，地方政府只要偿还利息即可，很容易实现举新债还旧债。理论上说，在合理范围内，地方债务、基础设施和未来收入来源之间自我强化的正反馈机制无疑保证了基础设施的巨大投入和工业产出增长。然而，如果宏观冲击等因素影响到市场对于未来土地增值的预期，由于此时地方债务杠杆已经处于高位，地方政府试图通过再融资来维护正反馈机制将面临困难。

与本书相关的文献还包括关于城投债的研究，已有研究从经济不确定性和晋升激励等角度讨论了城投债融资对地方经济影响等重要问题。罗党论和佘国满（2015）发现，书记或市长更替引发的不确定性提高了城投债的发行风险和发行成本，而财政分权和晋升激励是各省市城投债规模扩张的动因（陈菁和李建发，2015）。钟辉勇等（2016）研究了城投债市场上的评级机构的信任危机问题，发现虚假担保问题严重，而且投资者不完全认可地方政府的“隐性担保”。但是，这些文献没有从土地开发模式的动态关系考察土地财政对地方债务的影响。

综上所述，从动态角度看，土地财政、基础设施建设和地方债务的互动机制所形成的土地金融加速器效应，其周期变化依赖于宏观经济景气状况。以土地为抵押的地方债务融资，通过促进基础设施投资和压低工业用地价格对工业产出产生双重引资作用，同时产生的资本化效应会提高土地价格，这有助于形成土地价格上涨预期而维持土地融资的持续性。当宏观经济增速较高时，土地增值预期较强，土地财政水平越高，由于经济主体“追涨”的心理反而更容易实现融资；当宏观经济增速下降时，土地增值预期减弱，经济主体“杀跌”的心理起主导作用，那些土地财政水平较高地区此时需要融资保证土地开发的持续性，却无法得到所需资金。

中国近年来宏观经济走势恰好为验证本书的理论命题提供了合适的背景。在 2008 年国际金融危机后，伴随着国家“四万亿”经济刺激政策以及地方相应政策的实施，宏观经济快速反弹，2010 年第一季度 GDP 增速达到 11.9%，这种增长态势一直持续到 2012 年年底（杨继东等，2016）。2013 年后，由于部分地区新一届上台形成的“低效期”甚至“断档期”，使宏观经济向中低速回落（曹春方，2013）。由此，本书可以利用 2012 年前后的数据，分别检验宏观经济扩张期和放缓期土地财政水平对地方债务融资的不同影响。

已往研究注意到不同类型出让土地对财政贡献的差异性。地方政府往往压低工业用地价格，而拉高商住用地价格。工业用地能够产生增值税等持续的财政收入贡献，而商住用地主要贡献一次性的土地出让金及营业税等收入。当流动性强的工业资本面临横向竞争时，本地政府只能竞相补贴工业地价，才能吸引到优良的招商引资项目（陶然等，2007）。从地方债务角度看，以工业出让为主的土地开发模式，尽管也受宏观经济影响，但招商引资的企业本身可以产生财政收入，当面临宏观经济放缓时，对于后期地方债务融资影响较小。以商住地开发为主的土地开发模式受房地产市场影响较大，如果前期土地财政程度较高，当面临宏观经济放缓时，对于后期地方债务融资有更大的不利影响。后文区分了以工业用地为主和以商住用地为主两类不同土地开发模式，讨论了宏观经济减缓期不同土地开发模式对地方债务融资的影响。

此外，中国特色土地开发模式根植于财政体制和地方官员晋升锦标赛等制度性因素。与此同时，土地财政水平对地方债务融资的影响还取决于地方政府的激励强度和开发能力。换言之，在激励强度大和政府控制力强的地区，土地财政水平对地方债务融资的影响会更大。因此可以预期，土地金融加速器效应在晋升竞争较强的地区和市场化程度较低的地区更为显著。

综上所述，提出本章的三个研究假说：

假说 8－1：当宏观经济增速下降时，前期土地财政水平对地方债务融资产生负向影响；当宏观经济增速较高时，前期土地财政水平对地方债务融资产生正向影响。

假说 8－2：当宏观经济增速下降时，以商住用地为主的土地开发模式对地方债务融资产生负向影响，以工业用地为主的土地开发模式对地方债务融资没有负向影响。

假说 8－3：当宏观经济增速下降时，前期土地财政水平对地方债务融资产生负向影响，在晋升竞争较强和市场化程度较低的地区更为显著。

第三节　数据和实证方法

一　样本选择

城投债数据来源于 Wind 资讯数据库，我们统计了 2009—2015 年的所有城投债数据，并剔除了由于跨市场交易造成的重复数据，以及自治州为发行主体的债券，最终统计了 983 只城投债。与罗党论和佘国满（2015）将省级和地市全部列为研究样本不同，我们仅研究了地市主体发行的城投债，因为省市两级面临的财政状况和政策工具差异太大。地市城市经济和人口统计变量来自《中国城市统计年鉴》和各省（市、区）统计年鉴中的城市年度数据库。我们剔除了土地出让或城市经济数据缺失情况过于严重的城市和年份，最终形成研究样本为284个城市的非平衡面板数据。

主要变量定义见表8-1。我们采用了三个指标度量主要解释变量土地财政依赖度。一是计算了总体土地财政依赖度，使用当年商住和工业加总的土地出让收入除以财政总收入；二是分别计算了商住和工业土地财政依赖度，分别用商住土地出让收入和工业用地出让收入除以财政总收入。第一个指标表示总体土地财政的依赖程度，第二个指标和第三个指标分别表示以商住土地为主的土地开发模式和以工业土地为主的土地财政模式下的土地财政依赖程度。这三个指标的取值越大，表示土地财政依赖度越高。其余变量定义相对比较容易理解。

表8-1　研究所用主要变量及定义

变量	英文标识	定义	单位
债券规模	bond_val	城市城投债融资规模	亿元
发债次数	bond_count	城市每年城投债发行次数	次
总体土地财政依赖度	dep_inc1	总体土地财政依赖度 =（当年工业用地收入 + 当年商住用地收入）/当年财政总收入 × 100	%
商住土地财政依赖度	dep_inc2	商住土地财政依赖度 =（当年商住用地收入）/当年财政总收入 × 100	%
工业土地财政依赖度	dep_inc3	工业土地财政依赖度 =（当年工业用地收入）/当年财政总收入 × 100	%
人口增长率	popgr	人口自然增长率	‰
第二产业占比	gdpshr2	第二产业与GDP比值	%
第三产业占比	gdpshr3	第三产业与GDP比值	%
ln（GDP）	lngdp	对GDP取对数	亿
财政赤字率	deficit	赤字 =（地方财政预算内收入 - 地方财政预算内支出）/GDP × 100	%

随着经济形势的变化，国家逐渐放松了对地方政府城投债融资的管控力度。城投债偿付责任应归为发行企业，但现实中存在本地政府的隐性担保，这使城投债具有“准市政债”的地位。在2008年以前，地市级政府所发行的城投债寥寥无几。2008年国际金融危机爆发以后，中央出台“四万亿”经济刺激政策，鼓励地方多渠道融资，地市级城市发行城投债才逐渐形成规模。2009—2012年，新增城投债发行数量以较快速度增长。2012年以后，国家进一步放松对地方投融资平台的管制，允许省以下地方政府通过发行城投债融资，2012年地市级政府当年发行城投债达到年均近200只这一新水平，此后数年发行数量基本维持在这一水平上。

图8-3也从一个侧面表明，城投债融资成为2009年以后地方政府新增债务的主要来源。2008年中央的“四万亿”经济刺激政策，实际上放宽了对地方政府融资的限制，使2009年当年新增城投债融资规模大幅上升。与此同时，2008年以前地方政府已经进行了多轮大规模基础设施投资，银行等融资渠道的债务水平处于高位。基于这两个事实，我们判断，2009年以后地方政府新增债务主要通过发行城投债来完成。

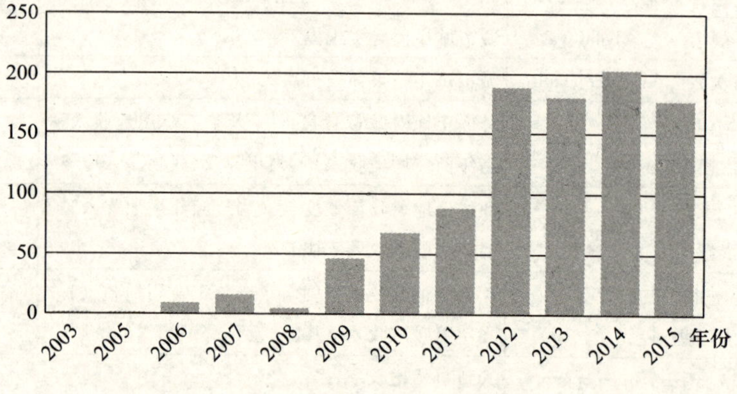

图8-3　地市级城市当年新增发行城投债数量（2003—2015年）

二　实证模型

本书讨论土地财政水平对城投债融资的影响，根据理论分析和研究假说，分别建立城投债发行次数和融资规模的实证模型：

$$Times_{it} = \beta_1 LF_{it} + \sum Control + v_i + \gamma_t + \varepsilon_{it} \tag{8.1}$$

$$Proceeds_{it} = \beta_0 + \beta_1 LF_{it} + \sum Control + v_i + \gamma_t + \varepsilon_{it} \tag{8.2}$$

式中，下标 i 和 t 分别表示城市和年份。模型（8.1）中因变量 $Times_{it}$ 为城市 i 在 t 年度发行城投债的次数，由于城投债发行次数为正整数或0，OLS 回归和 NLS 均为有偏估计（Wooldridge，1999），参考豪斯曼等（1984）的做法，本部分用双向固定效应泊松回归法对模型（8.1）进行检验。模型（8.2）的因变量 $Proceeds_{it}$ 表示城市 i 在 t 年度发行全部城投债的融资金额（如果没有发债，变量的取值为0），采用双向固定效应 OLS 模型进行估计。LF_{it} 表示滞后三年的土地财政依赖度，$\sum Control$ 表示控制变量，包括人口增长率、第二产业占 GDP 比重、第三产业占 GDP 比重、GDP 的对数、上一年度的财政赤字等。v_i 表示城市固定效应，γ_t 表示时间效应，ε_{it} 表示随机误差项，所有回归模型均控制城市的 cluster 效应。考虑到 2009 年以前我国地市级建设融资主要依靠土地财政收入和银行贷款，发行城投债自 2009 年以后才具有一定规模，从而产生数据上的变异，回归分析样本中，城投债发行数据限定为 2009—2015 年这一区间。由于城投债从地方政府决定到发行要经历审批等过程，所以，实际融资规模和次数受上一年地市经济社会状况的影响，回归分析所用变量没有特殊说明，均为上一年的取值。

本书实证估计所用样本是 2007—2015 年 284 个地市。其中，不包括西藏的地市，因为数据缺失太多，特别是缺少土地出让数据，样本还删除了其余省份中数据缺失较多的地市。研究所用变量的统计性描述见表 8-2。

表 8-2　城投债和地级市经济变量统计性描述（2007—2015 年）

变量	均值	最小值	最大值	标准差
bond_val（亿元）	10	0	262	24
bond_count（次）	0.91	0	29	2.1

续表

变量	均值	最小值	最大值	标准差
dep_inc2_ ~3（亿元）	59	1. 3	201	42
dep_inc3_ ~3（亿元）	49	0. 55	190	39
dep_inc4_ ~3（亿元）	38	0. 16	159	32
popgr（‰）	6. 8	–5. 9	32	6. 4
gdpshr2（%）	50	23	79	10
gdpshr3（%）	36	17	65	8. 4
lngdp（亿元）	6. 7	3. 6	9. 1	1. 1
Deficit（%）	–10	–61	0. 91	9. 5

第四节 实证结果及解释

本节说明验证理论假说的实证结果。首先，讨论了宏观经济不同时期的土地金融加速器效应：当宏观经济增速较高时，土地增值预期较强，因而更容易实现融资，所以，在这种情况下，土地财政水平和地方债务融资呈正反馈关系。当宏观经济增速下降和土地增值预期减弱时，前期土地财政水平高的地方反而很难实现融资，所以，在这种情况下，土地财政和地方债务融资呈负反馈关系。其次，考察以工业用地为主和以商住用地为主的两类土地开发模式的土地金融加速器效应，并从晋升竞争压力和市场化程度等角度，讨论了中国特色土地开发模式土地金融加速器效应的制度因素，并验证了基本结果的稳健性。

一 宏观经济放缓期和宏观经济扩张期的土地金融加速器效应

首先说明宏观经济放缓期的土地金融加速器效应。2013 年以后，宏观经济放缓，房地产投资和土地出让总量都有所下降，土地市场观望气氛浓厚。因此，预计 2013—2015 年土地开发模式对城投债融资规模的影响。表 8 –3 显示了滞后三期土地财政依赖度对城投债融资规

表 8-3 土地开发模式对城投债融资规模的影响（2013—2015 年）

	模型 1	模型 2	模型 3	模型 4	模型 5	模型 6
13. dep_inc1	-0.070 * (-1.798)	-0.071 * (-1.723)	-0.071 * (-1.710)	-0.071 * (-1.712)	-0.072 ** (-2.181)	-0.072 ** (-2.178)
popgr		-0.150 (-0.584)	-0.150 (-0.585)	-0.141 (-0.526)	0.006 (0.025)	0.006 (0.026)
gdpshr2			-0.068 (-0.099)	-0.240 (-0.153)	0.040 (0.030)	0.043 (0.032)
gdpshr3				-0.210 (-0.122)	0.030 (0.019)	0.030 (0.019)
lngdp					-9.111 (-0.745)	-9.108 (-0.744)
deficit						-0.933 (-0.040)
intercept	31.561 *** (10.255)	35.027 *** (8.699)	38.436 (1.105)	54.788 (0.395)	92.045 (0.810)	91.840 (0.806)
城市数量	288	288	288	288	288	288
样本量	844	844	844	844	844	844
R^2	0.001	0.000	0.001	0.011	0.281	0.280

注：*** 表示 $p<0.01$，** 表示 $p<0.05$，* 表示 $p<0.1$。括号内为 t 值。

模的回归结果。在所有回归中，我们控制了地市的个体固定效应，从第 1 列到第 6 列依次增加控制变量。可以看出，滞后 3 期土地财政依赖度这一核心变量无论是估计系数还是显著性水平都是稳健的。滞后三期土地财政依赖度每增加 1%，城投债融资规模显著降低了大约 0.07 亿元。这说明，上一期土地开发如果过度扩张的话，已负债务需要依靠土地增值来支持，而当宏观经济放缓、土地增值预期降低时，地方政府需要转向债券市场融资来维持资金链。但这个时候，那些上一期土地开发过度的地市（那些更需要资金的地市）能够融通的资金规模更小，这充分证实了土地融资的金融加速器效应。另外，城投债融资规模与地市政府的土地开发模式相关系，这也证实了城投债融资文献中关于地方政府发挥“隐性担保”作用的讨论（Chen and Wang, 2015；钟辉勇、钟宁桦和朱小能，2016）。

值得注意的是，其余控制变量均不显著，这与罗党论和佘国满（2015）的结论并不一致，可能的原因有两点：一是所用数据区间差异较大。罗党论和佘国满（2015）使用的是省级和地市级2004—2012年数据，我们研究所用数据是地市级2011—2015年数据；二是本书所用的土地财政依赖度可以测度地市的财政状况的基本面，因而比其他解释变量更有解释力，而罗党论和佘国满（2015）没有使用这一变量。

2012年以后，地市发行城投债成为地方政府融资的常规渠道，从数据上看，国家对城投债的额度控制已经放松，取得城投债融资资格相对变得容易。从监管者的角度看，发改委等审批主体往往会根据地市的偿债能力决定其发债资格。土地财政依赖度过高既会削弱地方偿债能力，又会影响监管主体对其偿债能力的评价，从而可能降低其发债的可能性。

表8-4显示了土地开发模式对城投债发债次数的影响的估计结果，使用了固定效应泊松分布模型。表8-4中模型1采用了总土地财政依赖度，模型2将总土地财政依赖度分拆成商住土地财政依赖度和工业土地财政依赖度两项，模型3和模型4则分别检验了商住土地财政依赖度和工业土地财政依赖度的效应。由模型1可知，当滞后三期的土地财政依赖度每降低1%，城市发债次数降低0.003—0.004次。而样本平均发债次数为0.91（见表8-2），所以，尽管这个系数在统计上显著，但这一减弱效应在经济意义上并不显著。由模型2至模型4可知，这一结果主要来自商住土地财政依赖度。

与表8-3的结果相结合，土地财政依赖度较高的地市其债务融资能力也相应下降，但是，这种削弱的债务融资能力只会影响城投债的融资规模，而对地市发行城投债的融资资格影响不大。由此看来，尽管发改委等监管机构在2012年后已经放松发债主体的资格审查，从而为地市城投债融资提供便利，但地市实际融资的额度仍由城投债投资主体所决定。对于那些由于前一段时期扩张土地财政而造成财政能力减弱的地市级政府来说，由于城投债投资主体认为这些城市蕴含较大的风险，所以，这些城市即便能够获得发债资格在债券市场融资，实际融资额度也会低于其他城市。

表 8－4 土地开发模式对地方城投债发债次数的影响（2013—2015 年）

变量	模型 1	模型 2	模型 3	模型 4
L3. dep_inc1	−0.003*** (−3.311)			
L3. dep_inc2		−0.004*** (−3.421)	−0.004*** (−3.403)	
L3. dep_inc3		0.004 (0.493)		−0.002 (−0.307)
popgr	−0.002 (−0.274)	−0.003 (−0.303)	−0.002 (−0.283)	−0.005 (−0.565)
gdpshr2	−0.061 (−1.151)	−0.062 (−1.172)	−0.062 (−1.161)	−0.062 (−1.184)
gdpshr3	−0.035 (−0.579)	−0.036 (−0.582)	−0.036 (−0.582)	−0.033 (−0.546)
lngdp	0.661 (1.552)	0.690 (1.614)	0.669 (1.572)	0.987** (2.358)
deficit	0.089 (0.174)	0.129 (0.252)	0.110 (0.215)	0.007 (0.014)
城市数量	288	288	288	288
样本量	844	844	844	844
Log − Likelihood	−736.7	−736.2	−736.4	−742.3

注：*** 表示 $p<0.01$，** 表示 $p<0.05$，* 表示 $p<0.1$。

下面考察宏观经济扩张期的土地金融加速器效应。在宏观经济增速较高时，债券市场会认为，土地财政依赖度高的城市偿还债务的能力也强，因而土地财政依赖度高的城市能够融资的规模也比较大。下面我们利用 2010—2012 年房地产投资相对较为旺盛时期的数据来验证这一判断。为了应对 2008 年国际金融危机，我国采取了宽松的宏观经济政策（“四万亿”经济刺激政策），2010 年，住房开发投资增长率达到 32.84%。

表 8－5 结果证实了宏观经济扩张期的土地金融加速器效应。由

模型1可知，与2013—2015年样本所估计结果相反，土地财政依赖度与城投债的发债规模是统计上呈显著正向关系。在给定其他条件不变的情况下，土地财政每提高1%，城投债的融资规模将扩大0.075亿—0.1亿元。模型2还分别考察了以工业用地为主和以商住用地为主的两类土地开发模式的土地金融加速器效应，发现在宏观经济扩张期，以商住用地为主的土地开发模式所发挥的金融加速器效应更大。

表8-5　土地开发模式对地方城投债融资规模的影响（2010—2012年）

变量	模型1	模型2
L3. dep_inc1	0.075*** (2.710)	
L3. dep_inc2		0.100*** (3.301)
L3. dep_inc3		-0.119 (-1.185)
popgr	0.216 (1.215)	0.236 (1.330)
gdpshr2	-1.468 (-1.503)	-1.398 (-1.435)
gdpshr3	1.745 (1.539)	1.724 (1.525)
lngdp	51.803*** (10.890)	51.106*** (10.747)
deficit	-5.059 (-0.383)	-4.267 (-0.324)
intercept	-344.107*** (-4.189)	-341.092*** (-4.164)
城市数量	283	283
样本量	798	798
R^2	0.166	0.168

注：***表示 $p<0.01$。

二 土地金融加速器的异质效应

地方政府在土地出让时可以采取两种策略：第一种策略是低价出让工业用地，大举招商引资，从而增加地方税收；第二种策略是通过招、拍、挂方式高价出让商住用地，通过获取高额土地出让金来增加地方财政收入（陶然，2009）。地方政府采取以工业用地为主和以商住用地为主的土地财政方式，对其自身财政收入可持续性和债务偿还能力的影响是不一样的，前者提高了本地工业企业的数量和税收贡献，从长期看，可能会增加地方未来的财政收入和债务融资能力；而后者尽管短期能够大幅增加地方财政收入，但这种竭泽而渔的行为会在很大程度上削弱地方政府债务偿还能力。

为了区分两类土地开发模式不同的土地金融加速器效应，我们又分别按工业用地出让收入和商住用地出让收入重新构建了土地财政依赖度指标进行了回归。表 8－6 显示了实证结果。为了防止工业用地和商住用地土地依赖度之间存在较高的相关性，可能会导致多重共线问题，我们在模型 2 和模型 3 中分别将两变量逐一放入回归模型。由表 8－6 可知，与预期结果相一致，两类土地开发模式对地方债务融资存在不同的影响。滞后三期的商住用地土地依赖度每增加 1%，城投债融资规模降低 0.08 亿元；而滞后三期的工业用地土地依赖度系数在统计上不显著。这表明，以商住用地为主的土地出让模式削弱了地方财政收入的可持续性和偿还能力，当宏观经济增速放缓时，会降低地方政府债务融资；而以工业用地为主的土地开发模式，所吸引的工业企业增强了地方财政收入的可持续性，所以，即便处于宏观经济增速放缓期，也没有对地方债务融资带来显著的负向影响。

综合表 8－6 模型 1 和表 8－5 模型 2 的结果，以工业用地为主和以商住用地为主的两类土地开发模式发挥了不同的土地金融加速器效应。无论在宏观经济扩张期，还是宏观经济放缓期，以商住用地为主的土地开发模式，其土地金融加速器效应都在统计上显著，而以工业用地为主的土地开发模式均不显著。这表明，土地金融加速器效应主要来自以商住用地为主的土地开发模式。

表 8－6　以商住用地为主和以工业用地为主的土地开发模式对城投债融资规模的影响（2013—2015 年）

变量	模型 1 系数（t 值）	模型 2 系数（t 值）	模型 3 系数（t 值）
L3. dep_inc2	−0.085** （−2.335）	−0.080** （−2.286）	
L3. dep_inc3	0.104 （0.496）		−0.021 （−0.103）
popgr	0.000 （0.002）	0.005 （0.023）	−0.039 （−0.170）
gdpshr2	0.064 （0.047）	0.060 （0.045）	−0.189 （−0.141）
gdpshr3	0.060 （0.039）	0.050 （0.033）	−0.179 （−0.118）
lngdp	−9.309 （−0.760）	−9.391 （−0.767）	−3.700 （−0.308）
deficit	−0.683 （−0.029）	−0.785 （−0.033）	−2.102 （−0.089）
intercept	90.017 （0.790）	91.993 （0.808）	66.780 （0.586）
城市数量	288	288	288
样本量	844	844	844
R^2	0.289	0.284	0.281

注：** 表示 $p<0.05$。

三　土地金融加速器效应的体制性因素

土地开发模式影响地方债务融资，一个非常重要的原因在于地方政府和官员的晋升激励结构。根据晋升锦标赛理论，良好的经济增长绩效有利于官员提拔，所以，地方官员有动机以土地开发促进经济增长（Li and Zhou, 2005）。而土地开发促进经济增长的效果受制于两个重要因素：一是地方官员的土地开发意愿；二是地方官员影响土地开发和地方经济的能力。前者决定地方官员是否有动机进行土地开发，后者决定了地方官员是否有能力进行土地开发。以下从开发意愿和开发能力这两个角度，分别分析 2013—2015 年经济增长放缓期土地开发模式对地方债务融资的影响。

从开发意愿来看，由于地方政府大力推行土地财政的目的是提高官员升迁的概率，所以，对于期望升迁概率不同的地方官员其推行土地财政的意愿也是不一样的。由此，如果土地开发模式确实通过削弱地方债务偿还能力影响城投债的发行，那么在对于官员升迁概率较高的地区，土地开发模式对地方债务融资的影响比较大，而在官员升迁概率较低的地区，土地开发模式对地方债务融资的影响相对较小。我们以 2006—2012 年地市党委书记是否得到提拔作为分类变量，对样本进行分组检验，结果如表 8－7 所示，土地财政依赖度对城投债融资规模在地方官员升迁概率较高地区显著为负，而在地方官员升迁概率低地区则并不显著。这说明，地方官员的升迁激励是当前土地开发模式中地方债务问题的重要原因。

表 8－7　　土地开发模式对城投债融资规模的影响（2013—2015 年样本，按官员是否提拔分组）

变量	官员提升概率高地区 模型 1 系数（t 值）	官员未提升概率低地区 模型 2 系数（t 值）
L3. dep_inc1	－0. 103 ** （－2. 217）	－0. 044 （－0. 911）
popgr	－0. 120 （－0. 359）	0. 096 （－0. 286）
gdpshr2	－0. 309 （－0. 146）	0. 585 （－0. 330）
gdpshr3	－0. 235 （－0. 101）	0. 577 （－0. 284）
lngdp	－2. 282 （－0. 124）	－17. 424 （－1. 008）

续表

变量	官员提升概率高地区 模型 1 系数（t 值）	官员未提升概率低地区 模型 2 系数（t 值）
deficit	-26.606 (-0.741)	18.622 (-0.587)
intercept	74.985 (-0.416)	95.409 (-0.638)
城市数量	160	128
样本量	480	364
R^2	0.131	0.183

注：** 表示 $p<0.05$。

从开发能力来看，对于那些市场化程度较高的区域，经济中的多数决策由企业自主决定，地方政府或官员的控制能力比较弱，因而其推行土地开发模式的效果会大打折扣。我们利用市场化指数对样本重新分组，高于市场化指数的中位数归入市场化程度较高地区；反之，则归入市场化程度较低地区（樊纲等，2011）。由表 8-8 实证结果可知，土地开发模式对地方债务融资的影响在市场化程度较低地区显著为负，而在市场化程度较高地区则不显著。综合开发意愿和开发能力两方面的结果，土地金融加速器发挥效应依赖于财政分权体制和地方官员晋升锦标赛等制度性因素。

表 8-8　土地开发模式对城投债融资规模的影响（2013—2015 年样本，按市场化指数分组）

变量	市场化程度较高 系数（t 值）	市场化程度较低 系数（t 值）
L3. dep_inc1	-0.063 (-1.269)	-0.071* (-1.736)
popgr	-0.084 (-0.227)	0.063 (0.251)

续表

变量	市场化程度较高 系数（t值）	市场化程度较低 系数（t值）
gdpshr2	-1.377 (-0.600)	1.441 (1.100)
gdpshr3	-0.246 (-0.090)	1.139 (0.784)
Lngdp	4.425 (0.192)	-22.223** (-1.988)
deficit	14.293 (0.372)	-16.969 (-0.705)
intercept	82.820 (0.388)	60.306 (0.581)
城市数量	156	127
样本量	467	377
R^2	0.113	0.116

注：**表示 $p<0.05$，*表示 $p<0.1$。

四 稳健性检验

为了得到更加稳健的结论，我们还说明了一些替代性假说的结果。表8-9中模型1和模型2显示了Winsorize之前的数据，这个结果的估计系数和显著性水平都与表8-3没有差异，这说明实证结果并非受极端值驱动而得。表8-9中模型3和模型4剔除了4个直辖市，这样处理的目的是剔除城市行政级别的影响，可以看到土地财政依赖度指数依然显著；表8-9中模型5和模型6剔除了4个房价较高的一线城市，这样处理的目的是剔除房价过快增长的城市的影响，可以看到基本结果仍然存在。

表8-9　　　　土地开发模式对地方债务融资的影响

（2013—2015年样本，稳健性检验）

变量	原始数据		剔除4个直辖市		剔除北上广深	
	模型1 系数（t值）	模型2 系数（t值）	模型3 系数（t值）	模型4 系数（t值）	模型5 系数（t值）	模型6 系数（t值）
L3. dep_inc1	-0.074** （-2.100）		-0.072** （-2.178）		-0.073** （-2.237）	
L3. dep_inc2		-0.089** （-2.303）		-0.085** （-2.335）		-0.086** （-2.391）
L3. dep_inc3		0.12 （-0.551）		0.104 -0.496		0.101 -0.489
popgr	0.037 （-0.128）	0.029 （-0.099）	0.006 -0.026	0 -0.002	0.01 -0.045	0.005 -0.022
gdpshr2	-0.179 （-0.139）	-0.149 （-0.116）	0.043 -0.032	0.064 -0.047	0.176 -0.133	0.197 -0.148
gdpshr3	-0.339 （-0.231）	-0.292 （-0.199）	0.03 -0.019	0.06 -0.039	0.134 -0.09	0.164 -0.11
Lngdp	-9.347 （-0.737）	-9.705 （-0.764）	-9.108 （-0.744）	-9.309 （-0.760）	-11.868 （-0.979）	-12.078 （-0.995）
deficit	-0.358 （-0.638）	-0.344 （-0.613）	-0.933 （-0.040）	-0.683 （-0.029）	-1.325 （-0.057）	-1.083 （-0.047）
intercept	114.231 （-0.973）	112.615 （-0.959）	91.84 -0.806	90.017 -0.79	100.3 -0.894	98.535 -0.878
城市数量	288	288	288	288	288	288
样本量	844	844	844	844	844	844
R^2	0.268	0.277	0.28	0.289	0.263	0.27

注：**表示 $p<0.05$。

第九章　经济开发区招商引资的组织动员和产业集聚策略

第一节　引言

改革开放以来，中国经济总量经历了30多年的高速增长期，创造了所谓的“中国奇迹”（林毅夫等，1999）。“中国式赶超”之所以能够发生，很大程度上依赖于中国实施的对外开放政策有效地利用了国际市场和经济全球化。2013年，中国以4.16万亿美元的进出口额成为世界第一货物贸易大国。其中，经济开发区在吸引外资和扩大经济总量方面无疑发挥了举足轻重的作用。

在实践中，开发区通常是指一个国家或地区为吸引外部生产要素、促进自身发展而划出一定范围并在其中实施特殊政策和管理手段的特定区域。中国开发区的建设最早可以追溯到1984年。1984年5月，邓小平在视察深圳、珠海、厦门等地之后，倡议借鉴国外园区发展经验，兴办经济技术开发区，中央决定率先开放天津、上海、大连、青岛等14个沿海港口城市。如今，作为继经济特区之后的第二开放带，开发区俨然成为我国经济良好平稳发展的“火车头”、构建开放型经济新体制的探路者和培育产业竞争新优势的顶梁柱。随着经济开发区在全国范围内铺开和提档升级，截至2014年9月，我国现有国家级经济技术开发区215个。

关于经济集聚的理论研究在过去30多年取得较大进展。克鲁格曼（1991）基于规模报酬递增的假定，从资金、信息和技术等方面的外部性等角度寻找经济地理集聚的内生动力，他们认为，当包含后向关联和前向关联的集聚与市场拥挤所产生的分散力量平衡时，空间均衡表现为极端集聚和极端分散之间某种程度的集聚。在梅利茨（2003）引入企业异质性后，所谓的“新”新地理经济学研究从地区间的宏观角度解释产业集聚转向从企业或个体微观决策的角度入手。鲍德温（2006）和奥塔维亚诺（2011）发现，高生产率企业由于边际成本低，更少受到市场扩大而加剧本地竞争所造成的伤害，所以，生产率最高的企业会首先向大市场转移，生产率低的企业因离开集聚区域的机会成本最低而容易受引资政策吸引。

研究者从不同角度试图研究产业集聚的外部效应对经济发展的实际影响。理论上说，两类集聚效应都可能存在，即行业内空间集聚产生所谓“马歇尔外部性”和跨行业空间集聚同样会带来“雅各布外部性”。范剑勇等（2014）从技术外部性角度发现，专业化经济促进增长，而多样化经济对促成增长的前沿技术进步产生了正面推动。孙浦阳等（2013）发现，产业集聚带来的拥塞效应和集聚效应在不同时期作用不同，工业集聚长期对劳动生产率有促进作用，而服务业长期没有显著影响。盛丹和王永进（2013）发现了产业集聚的长期“信贷资源配置效应”。

最近的研究试图将政府行为内生化，讨论政府在集聚中的作用。在中国，官员晋升与地方经济发展绩效挂钩，他们大力发展地方经济以获取政治晋升机会，形成晋升激励下“政治锦标赛”（周黎安，2007）。布鲁哈特等（2012）分析了地方政府对经济集聚的政策，发现具有高度的流动性资本为了享受经济集聚所产生的规模经济，会接受地方政府征收较高的税收，即政府可以对集聚经济形成的集聚租征税。德弗鲁（2007）发现，补贴在吸引企业向特定区域转移方面作用微小：在那些同类企业集聚较差地区，企业对政府补贴并不敏感；而在经济集聚地区，即便缺少补贴也会吸引企业迁移。Jofre - Monseny（2013）对西班牙 2772 个市镇销售税率的研究支持经济集聚对税率有正向影响的结论。钱学锋等（2012）对中国的研究却提供了相反的证据，他们发现，中国的地方政府并没有向集聚租征税，即经济集聚产生集聚租来引导地方政府实现税收良性竞争的机制并不存在。

作为一项重要的区域经济政策，开发区政策在实践中也取得了良好的效果。阿尔德等（2016）发现，设立经济特区（Special Economic Zone, SEZ）对GDP增长具有正向效应，主要渠道是通过增加物质资本积累，以及提高全要素生产率和人力资本。王永进和张国峰（2016）则区分了开发区的“集聚效应”和“选择效应”，前者在开发区成立初期占主导地位，而后者在开发区成立后期占主导地位。李力行和申广军（2015）发现，设立经济开发区能有效地推动产业结构调整，而经济开发区这一积极作用在很大程度上取决于产业是否遵循比较优势。

招商引资是经济开发区重要的发展策略。已有文献指出，发展地方政策通过制定合格的土地或税收等政策来招商引资，但是，缺少从政府内部部门之间的角度分析开发区的招商引资策略（孙秀林和周飞舟，2013；龙小宁等，2014）。基于山东A开发区企业层面的数据，本书从微观角度出发，研究A开发区招商引资的组织动员和集聚发展策略。

第二节　A开发区基本情况

A开发区成立于1995年8月，是国务院批准的国家级经济技术开发区。开发区陆域面积677平方千米，海域面积510平方千米，海岸线长69千米，辖区内人口10万，所在城市2015年GDP总量居于全省第一梯队，人均GDP处于全省的中游位置。

A开发区于2007年被批准为国家科技兴贸创新基地。2010年获批国家生态工业示范园区，并升级为国家级经济技术开发区。同时，2009年12月，国务院正式批复其所在经济区发展规划并将其上升为国家战略，成为国家区域协调发展战略的重要组成部分。相关政策的出台，有利于开发区放大区位优势，提高招商引资平台质量，促进项目投资额的增加。

总体上看，A 开发区项目投资处于上升通道。开发区建设初期即2002—2003 年，项目投资额总量小，增速缓慢。截至 2003 年，所有项目投资额仅为 6 亿元。2003—2007 年，开发区发展处于缓慢的状态。2007 年是 A 开发区重要的转折年。2007 年市委领导换届，新的领导班子上台后，对开发区建设工作十分重视，多次考察调研，督促加快园区内基础设施的建设，进一步完善布局规划，并制定出台了规范、透明、优惠的开发政策，刺激了投资额的迅速增长。从 2007 年起，开发区发展态势明显好转，增速明显，项目投资额一路走高。2010 年更是增幅巨大，从 2010 年的 294.76 亿元猛涨至 2011 年的567.53 亿元，接近翻了一番。

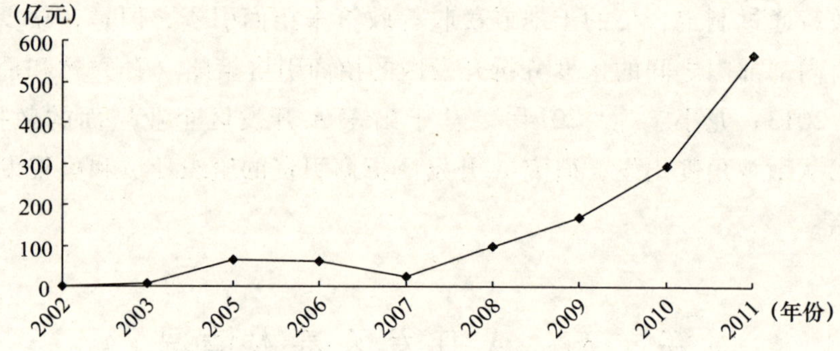

图 9－1　2002—2011 年开发区所有项目投资额

自上而下的管理体制明确了招商主体的责任，保证了各类项目签约后落实较好。2002—2009 年，招商引资项目均已动工，不存在签约未落实的情况。但 2010 年后部分投资项目签约后未能上马。通过查阅数据，发现这类项目大多为房地产相关投资项目。这可能与 2008年国际金融危机后国家对房地产市场过热而进行的宏观调控有关，政策导向面趋紧在一定程度上影响了房地产企业的资金链状况，且房地产项目一般投资周期较长，导致了开发区已经签约的投资项目未能动工。

第三节 开发区招商引资的组织动员策略

一 组织动员策略的实施途径

政府在开发区建设与发展的进程中始终占主导地位。政府出台优惠政策吸引外资，全员动员招商引资，并整合园区内资源进行有效配置。A开发区的招商策略内生于发展型政府的特征。从级别上，A开发区在上升为国家级开发区后，级别为副厅级，高于县级机构。从考核上看，任务层层分解下压。从动员结构上，政府规定招商引资是各个部门重要的工作目标。

从市政府层面，制定了全市积极参与A开发区招商的全员动员策略。首先，鼓励市直部门发挥各自优势，成立专职队伍，开展专业招商，构建常态化、职业化、专业化、多元化的招商体系。其次，支持各县市区、市属开发区利用“飞地经济”政策，建设产业园区。另外，市政府还根据每个单位的政府职能明确了各主体招商任务的具体分工。如市工商局负责广告创意类市场主体的引进培育，两年内新引入品牌设计和广告营销市场主体5家以上；市财政局、市金融办、市质监局、市司法局分别负责，加快引进融资、保险、会计、检测、评估、管理、律师事务所等中介服务机构，每个部门每年至少引进培育1家以上。

A开发区在2007年以后加大了招商引资的考核力度。首先，量化了各部门招商引资任务并分解到个人。例如，部门正职一般年引资任务为1亿元，副职为5000万元。其次，加大了奖惩力度。每年引资任务前六名单位正职（正科级）在副处级干部空缺时自动晋级，而完不成任务者失去评优机会，并在三年内不得提拔。在考核政策的强力驱动下，招商引资进入了快速发展期。

在开发区建设前期，园区聚集经济尚未形成，政府主导所发挥作用尤其重要。鉴于引进企业需要支付固定的迁移成本，为了进一步提高投资积极性，开发区出台了一系列优惠政策，以期通过优惠政策吸引更多的优质企业落户园区。开发区管委会对园区内主导行业的项目给予各项补贴，涉及土地、税收、基础设施、行政事业性收费和水电费等多个方面。如开发区财政给予项目土地补助后，化工类项目投资者每亩土地承担实际费用为 4.5 万元；非化工类工业项目投资者每亩土地承担实际费用为 4 万元；对投资超过 5 亿元以上的非化工类工业项目和超过 1000 亩的成片开发园区类项目的投资者，每亩土地承担实际费用仅为 3.5 万元。

此外，园区积极建设融资平台，在资金上为园区建设提供发展动力。经市政府批准，2005 年本市成立了投资发展有限公司，主要负责区内基础设施建设投融资任务。投资发展公司于 2013 年 4 月在市发改委支持下发行了金额为 12 亿元的企业债券。截至 2013 年年底，公司资产总计 267.64 亿元，负债总计 133.63 亿元。

二 组织动员策略下各类招商主体的绩效

由企业层面数据可知，招商单位包括各层级的政府单位，从境外招商局到公安局、从招商办到街办、从评审中心到疾控中心，形成政府"全员招商"的局面。为了便于分析，根据各单位的工作性质以及与招商引资的关联度，我们将政府单位分为招商部门、乡镇部门、党政机关、经济管理部门和公共服务部门五大类，分别对其总投资额、总占地面积和土地投资效率等指标进行考察分析。我们构建了土地投资效率指标测度投资强度，定义为项目用地范围内单位面积的固定资产投资额，即用固定资产投资额除以土地占地面积计算而得。

各类单位的招商引资效率与其部门的重要性成反比。从表 9－1 中可以看出，除公共服务部门以外，其他部门均低于平均投资效率 138.8 万元/亩。公共服务部门引进投资项目无论总投资额还是总占地面积，均远远高于其他部门所引项目，所以，使其土地投资效率名列第一，达 162.0 万元/亩。名列其后的依次是经济管理部门和招商部门，其土地投资效率分别为 143.3 万元/亩和 140.8 万元/亩。党政机关与乡镇部门的土地投资效率则在五大类部门中居于末两位，以乡镇部门 115.1 万元/亩的土地投资效率为最低。

表 9-1　　按引进部门分类的项目投资情况

部门类型	土地投资效率（万元/亩）	总投资（亿元）	总占地面积（亩）
招商部门	140.8	300.3	2042.3
乡镇部门	115.1	37.0	5957
党政机关	132.6	37.1	2801
经济管理部门	143.3	128.6	10921
公共服务部门	162.0	749.6	31198.4
平均	138.8	250.5	14260.1

究其原因，可能是公共管理部门在党政序列中的地位较低，因而只有所引项目投资效率较高，才能通过审批程序成功上马。党政机关虽然工作性质与招商引资联系并不密切，但此类部门单位职权较大，即使引入投资项目数额较小，也能争取到更为优惠的条件。另外，乡镇部门部分参与管理开发区，因而在布局投资项目上也有优势，所以，尽管乡镇部门招商投资额较小，但所引项目能争取到土地，造成了较低的土地投资效率。招商部门和经济管理部门由于工作性质等原因，在招商引资方面存在一定的专业优势，其引进项目往往投资额和占地面积都比较大。

当然，非经济职能部门过多参与招商引资也产生了一些负面影响。将招商引资纳入考核指标，使政府工作人员为完成招商引资任务，不得不耗费大量精力，影响其履行其正常职能；招商引资指标量化和“一票否决”，也可能诱发谎报行为和引资泡沫化。另外，部分部门有可能行为短期化，引进高能耗和高污染项目以应付考核。

三　组织动员策略下各类招商主体效率的实证分析

本部分收集了 2002—2011 年开发区内所有 371 个投资项目的数据，构建了土地投资效率、总投资额和总占地面积三个指标，研究各个部门的招商引资效果。构建多元回归线性模型如下：

$$y_i = \beta_0 + \beta_1 x_1 + \gamma Z + \varepsilon_i \tag{9.1}$$

式中，被解释变量 y_i 分别表示某个投资项目的土地投资效率（万元/亩)、总投资（亿元)、总占地面积（亩)，主要解释变量 x_1 为项目引荐单位，其他控制变量 Z 包括项目签约时间（年)、企业最初所在地等。分析中所用虚拟变量分为以下三类：

第一类虚拟变量为项目引荐单位特征变量。根据各部门管理权限的不同，将引荐单位分为乡镇机关、招商部门、党政机关、经济管理部门和公共服务部门，以乡镇机关为对照组。

第二类虚拟变量为项目特征变量。根据项目与开发区签订合同时间的不同，将在2002—2011年选取项目签订的年份。项目签订年份取值1，其他年份取值0。

第三类虚拟变量为企业特征变量。根据企业最初所在地，将项目分为本市、山东省除本市以外其他地区、发达地区经济带和欠发达地区经济带四类，以本市为对照组。

表9-2列出了实证分析结果。从项目总投资和总占地面积这两个指标看，各个部门之间没有显著差异。首先，从项目投资角度看，各个部门都在努力争取较大规模的项目。这说明，现有招商引资政策确实有效地调动起全体人员的积极性。在所有部门招商引资力度都非常大的情况下，部门之间差异不大造成回归系数并不显著。其次，各个部门在所引项目的占地面积上也都没有显著差异。这可能表明政府对各个部门引进项目使用土地上采取了普惠政策，只要能够引来投资，根据项目所要求的土地供应是能够保障的。

表9-2　　不同类别政府部门招商引资项目的投资状况

变量名	土地投资效率（万元/亩）	总投资（亿元）	总占地面积（亩）
招商部门[①]	20.88 (0.71)	1.67 (0.40)	-57.14 (-0.61)
党政机关	24.19 (0.64)	0.38 (0.07)	-131.23 (-1.09)
经济管理部门	33.12 (0.94)	2.08 (0.42)	22.76 (0.20)

续表

变量名	土地投资效率（万元/亩）	总投资（亿元）	总占地面积（亩）
公共服务部门	60.81** (2.10)	4.16 (1.03)	-65.16 (-0.71)
山东省内其他地区②	60.04* (1.80)	-1.99 (-0.42)	86.22 (0.82)
省外发达地区经济带	-14.73 (-0.41)	-4.60 (-0.91)	136.42 (1.20)
欠发达地区经济带	252.15*** (2.87)	-6.16 (-0.50)	-159.10 (-0.57)
其他控制变量	未汇报		
常数项	143.79*** (3.34)	3.36 (0.56)	362.80*** (2.67)
样本数	317	317	317
R^2	0.10	0.07	0.05

注：括号内为T值，***、**和*分别表示在1%、5%和10%的显著性水平下显著。①以乡镇机关作为参照组。②以本市企业作为参照。

由此看来，A开发区采用全员动员的方式来招商引资，政府各部门单位均参与到招商引资的过程中来，值得注意的是，属公共服务部门所引荐的投资项目的土地投资效率最高。这与前面结果相一致，是由于不同单位在基层政治序列中相对位置决定的。公共服务部门所属政治序列较低位置，其土地投资效率最高。与此相反，招商部门、党政部门在基层政治序列中属较高位置，则其土地投资效率分列后两位。

从项目来源看，开发区投资除主要依靠本市企业外，还吸引了其他地区的企业来投资建项。各类来源地不同项目的土地投资效率反映了供求关系的消长。从企业来源看，如果所引项目来源于发达地区，为了吸引这类优质企业，政府在土地使用上往往比较宽松，造成这类企业土地投资效率并不高。如果所引项目来源于本省其他地市，省内经济发展水平相似决定了这类项目也处于与本地相近的层次，这类企业土地投资效率要满足一定要求才能进入。如果所引项目来源于欠发达地区经济带，那么其土地投资效率只有远远大于其他类别，才有机会进入开发区。

第四节 开发区招商引资的产业集聚策略

一 开发区产业集聚策略的重点

A开发区确立了重点园区和行业，分别从这两个方面入手形成产业集聚的动力。从园区看，经济技术开发区将开发区划分为产业园区，不同投资项目按其所有产业分类落户不同园区，一方面便于园区建设和管理，另一方面也有利于产业内集聚的形成。

从土地投资效率看，重点园区普遍高于其他园区，其中，绿色能源产业园最高，生态园区最低。由于每个园区落户项目所属行业不同，所以，使其土地投资效率不尽相同。绿色能源产业园内为能源类产业，能源类产业由于投资规模较大，土地投资效率远高于其他行业。表9－3显示，中央商务区和高档住宅区名列第二、第三名，土地投资效率分别为487.9万元/亩和415.7万元/亩。土地投资效率最低的三个园区分别为A工业园、科教创新区、生态园区。

表9－3　　按落户园区分类的项目投资情况

园区	土地投资效率（万元/亩）	总投资（亿元）	总占地面积（亩）
A工业园	78.8	9.6	1258.6
高档住宅区	415.7	83.6	1877.4
海港物流园	90.6	60.3	8199.0
科技项目区	155.0	80.8	5352.1
科教创新区	59.6	4.0	671.0
临港工业园	131.0	141.2	10449.9

续表

园区	土地投资效率（万元/亩）	总投资（亿元）	总占地面积（亩）
绿色能源产业园	870.9	399.7	1578.7
生态园区	22.1	1.0	440.0
先进制造业产业园	128.9	449.2	37575.7
中央商务区	487.9	12.0	222.0
装备制造业产业园	167.6	112.0	6986.0
平均	237.1	123.0	6782.8

从总投资额看，重点园区内项目体量也高于其他园区。从各园区总投资额规模看，除主营能源业的绿色能源产业园外，体量较大的依次为临港工业园、先进制造业产业园与装备制造业产业园。园区内落户项目增多，有利于推动园区内产业间集聚的形成。A 工业园、科教创新区和生态园区三个园区投资额最低。A 工业园由于是最初规划的地区，土地规模制约限制了其投资额的进一步增加。科教创新区和生态园区属于配套产业，自身不需要较多的资金，因而总投资额较低。

从总占地面积看，制造业和化工等主导园区在土地使用上享有优先权。先进制造业产业园与临港工业园为总占地面积最大的两个园区，依次为 37575.7 亩和 10449.9 亩。该经济技术开发区在土地规划上重点明确，努力推动重点产业的发展，为重点发展产业配套了充足的土地。

从产业层面看，主导产业土地投资效率较高。根据企业行业的类型，我们将企业行业类型分为化工业、机械业、汽车业、能源业、物流业、传统产业和配套产业。从表 9－4 中不难看出，传统产业和物流业的土地投资效率较低，而作为主导产业的能源业、机械业、化工业和汽车业普遍投资效率较高。这说明，政府各部门在招商引资过程中，遵循经济规律把握重点产业，并没有为了政绩工程而引入质量较差项目。另外，开发区内重点产业发展良好，也为产业集聚奠定了基础。

表 9－4　　按企业行业类型分类的项目投资情况

企业行业类型	土地投资效率（万元/亩）	总投资（亿元）	总占地面积（亩）
化工业	137.7	301.9	20826.0
机械业	146.9	124.4	6724.2
汽车业	137.0	96.0	7066.6
能源业	352.7	439.9	4668.3
物流业	111.3	103.8	11950.5
传统产业	120.5	66.0	5673.5
配套产业	153.9	217.1	17030.2
平均	165.7	192.7	10562.8

从总投资和总占地面积角度看，高金额和大面积项目也多集中在能源和化工等重点产业。能源总投资额显著高于其他产业，高达439.9亿元。究其原因，主要在于能源属于基础性产业，该类产业项目投资额一般较大。其次，化工业总投资排在第二位，总投资额高达301.9亿元，总占地面积为20826亩。事实上，开发区内地下卤水储量丰富、埋藏浅、易开发，具有发展海洋生态化工、先进制造业得天独厚的竞争优势。这些因素在一定程度上形成了化工产业内集聚效应。

二　开发区产业集聚策略的时序

只有随着企业发展壮大，开发区才能形成优势资源要素的聚集和竞争优势，为区域经济发展做出突出贡献。鉴于此，开发区兴建之初，根据其地缘、资源要素等优势，确定早期以引进本市企业为主，并形成产业重点，以加速产业集聚的战略。

从表9－5中的数据来看，投资效率确实随着开发区的发展而逐步提高。开发区建设发展初期（2002—2007年）土地投资效率较低，最低的2003年仅为60万元/亩。2008年后，开发区招商引资土地投资效率步入上升通道，仅在2010年略有下降。这表明，开发区建设初期由于竞争优势不明显而造成吸引能力不强，总投资额和总占地面积均较小造成土地投资效率不高。随着开发区升级和扩容，产业定位逐步明晰，产业聚集效应逐步发挥，引入项目土地投资效率逐年上升。

表9－5　2002—2011年签约的投资项目投资情况

签约年份	土地投资效率（万元/亩）	总投资（亿元）	总占地面积（亩）
2002	125.0	0.5	40.0
2003	60.0	6.0	1000.0
2004	85.3	21.2	2485.3
2005	166.4	64.9	3948.6
2006	129.3	61.3	5028.0
2007	109.7	24.5	2276.8
2008	156.8	99.6	5284.8
2009	163.8	167.9	15480.2
2010	148.4	294.8	25828.7
2011	204.0	567.5	11547.0
平均	134.9	130.8	7291.9

招商引资的项目大多数还是来自本市内的企业迁入，但是，其投资效率并不高（见表9－6）。不同来源地项目在开发区发展中发挥作用各异，不难看出，来自本市的企业无论从企业数量、投资额，还是总占地面积，在开发初期均占较大比重。园区345家企业中，来自本市企业高达312家，占90%，投资额与总占地面积也分别占87%和84%。尽管如此，来自本市投资项目的土地投资效率远低于来自其他地区的项目。来自欠发达地区投资项目的土地投资效率最高，其余依次为来自发达地区和省内其他地区的项目。

从时序上看，A开发区履行先本地后外地的招商策略。2007年以前，A开发区主要依赖本市企业的投资入驻。2007年以后，本市以外企业才逐渐入驻A开发区。早期投资由于基础设施等配套较差，尽管政府提出宏伟的发展蓝图，但是，较大的不确定性使投资者的预期盈利并不高。这个时候市里只能依靠政治手段辅以优惠政策，引入本市内其他区域的企业。而早期的本地投资提升了外来投资者的盈利预期，也最终使2007年以后开发区投资额呈现出较快发展的态势。

表9-6　　按企业来源地分类的投资项目投资情况

	总投资（亿元）	总占地面积（亩）	企业数量	平均投资（万元）	平均占地面积（亩）	土地投资效率（万元/亩）
本市	1111.9	56948.2	312	35638.7	186.1	137.4
省内其他地市	70.5	4834.0	15	47031.8	322.3	213.4
省外发达地区	64.7	5024.7	14	46232.3	358.9	228.7
省外欠发达地区	27.4	589.4	4	68500.0	147.3	478.6
总计	318.6	16849.1	86.3	49350.7	253.7	264.5

三　招商引资集聚策略效率的实证分析

本部分旨在分析某开发招商引资的集聚策略，研究已有累计投资对土地投资效率、总投资额和总占地面积的影响。其基本思路是：如果企业在投资时，会考虑当前本地的产业聚集，那么已有投资会对其产生正向作用。为了验证这个假说，构建多元回来模型如下：

$$y_i = \beta_0 + \beta_1 x_1 + \gamma Z + \varepsilon_i \tag{9.2}$$

式中，被解释变量 y_i 分别表示某个投资项目的土地投资效率（万元/亩）、总投资（亿元）、总占地面积（亩），主要解释变量 x_1 为该行业的累计投资，其他控制变量 Z 包括项目签约时间（年）、企业项目所属行业类型等变量。

计量模型中设置3个虚拟变量，其中项目特征变量、企业特征变量与第一节类似。此外，本节增加了行业特征变量，根据项目经营方式与性质不同，将行业分为化工业、机械业、汽车业、能源业、物流业、传统产业和配套产业。其中，以化工业为对照组。通过回归分析，得到分析结果。为了节约篇幅，项目签约时间和企业行业类型未汇报，具体见表9-7。

表 9-7　累计投资对引资的影响

变量名	土地投资效率（万元/亩）	总投资（亿元）	总占地面积（亩）
累积投资	-0.04 (-0.10)	0.23*** (8.66)	2.69** (2.39)
省内其他地市	28.43 (0.80)	-1.15 (-0.28)	61.02 (0.58)
省外发达地区	46.39 (1.20)	-2.47 (-0.56)	57.64 (0.50)
省外欠发达地区	280.35*** (2.97)	0.31 (0.03)	-220.95 (-0.79)
行业类型	有	有	有
签约时间	有	有	有
Constant	172.27*** (4.41)	-4.27 (-1.00)	188.24 (1.62)
样本量	317	317	317
R^2	0.33	0.09	0.23

注：括号内为 t 值，**、*** 分别表示 5% 和 1% 的显著性水平下显著。

首先，行业累计投资对项目总投资有正的效应，这个可以解释为，前期行业累计投资较多的部门或行业，越容易吸引到大的投资项目。从产业集聚的角度看，前期基础较好，后引进的企业能够享受较高程度的集聚收益，其投资意愿或力度往往更高。

其次，行业累计投资对总占地面积具有显著正效应，即开发区在引进项目时，那些已经在开发区拥有较多投资的部门或行业，越容易得到较大面积的土地。这一方面反映投资额度大的项目，拿到的地块也大；另一方面，也反映开发区在土地利用上也在向这些项目倾斜。值得注意的是，行业累计投资对土地投资效率的系数统计上并不显著，这表明，开发区所执行的产业集聚策略仍然局限于土地利用效率较低的产业。反之，未来开发区转型升级仍然任重而道远。

第十章　结论与展望

房地产业高速发展和土地资源配置对中国经济社会发展产生了深远影响。首先，伴随经济高速增长，土地价值攀升成为 GDP 重要组成部分。其次，经济总量巨大导致生产要素供给约束趋紧成为经济发展的制约因素。此外，由于中国经济发展的晋升锦标赛模型，地方政府有可能依靠一级土地市场上的垄断地位，策略性地制定商住用地和工业用地价格，由此所导致的激励扭曲的土地出让行为必然造成效率损失。

房地产发展与房价和地价的快速上涨引起房地产部门和制造业部门产品之间相对价格的变动，由此引发资本、劳动力等生产要素在两个部门和区域之间的流动。从制造业企业微观角度看，土地资源配置引发两个微观效应：一个是土地资源配置吸引制造业上市公司向房地产行业投资引起“空心化”效应；另一个是土地资源配置造成地区间土地价格差异诱发制造业上市公司空间转移引起排序效应。我们利用制造业上市公司 2007—2013 年的数据，讨论土地资源配置的这两个微观效应。

从区域角度看，土地政策和价格能够发挥对产业转型升级的“倒逼”作用。政府如果执行严格的土地出让政策和较高的工业土地出让价格，会降低用地效率低行业的相对收益，“倒逼”生产要素转向其他部门；如果政府执行宽松的环境规制，这一“倒逼”机制就完全没有作用。我们利用全国各地市数据，讨论土地资源配置的倒逼机制。

从地方政府角度看，土地资源已经成为地方政府财政收入来源的重要组成，“土地财政”已经成为中国经济转型发展中的重要问题。1994 年分税制改革后形成的财政集权为土地财政奠定了制度性基础，而降低由于财权和事权不对称形成的财政收支缺口则是地方政府大搞土地财政的一个重要动因。一方面，住宅用地、商业用地和工业用地价格在土地财政机制中发挥了不同的作用；另一方面，土地财政可能在一定程度上会扭曲税收收入结构。

本章对全书的研究内容和结论进行总结，并提出相应的政策建议，在此基础上讨论本书的创新与不足，最后提出进一步研究的方向。

第一节　主要结论

中国土地资源配置方式的演变经历了一个复杂的历史过程，在改革开放后，逐步形成以市场发挥基础性作用的土地资源配置方式，其核心是通过征收土地使用费、土地出让金等土地有偿使用的机制调节土地资源的配置，促进土地资源的节约、集约利用。特别是 2007 年土地出让收入管理制度改革后，“收支两条线”管理制度将全部土地出让收入纳入地方国库和地方政府性基金预算。此外，中国对于土地资源的配置市场化程度也逐步加深。与宏观经济状况相一致，中国房地产行业的发展经历了鼓励或限制等一系列调控措施，行业总体发展相对比较平稳。土地出让价格与房地产行业投资情况相关性较强，其中工业类用地出让价格与房屋价格的相关性最强。

房地产发展与房价和地价的快速上涨引起房地产部门和制造业部门产品之间相对价格的变动，由此引发资本、劳动力等生产要素在两个部门和区域之间的流动。高房价可能会吸引过多本应用于制造业生产部门的投资，造成对制造业部门投资相对匮乏，可能造成制造业产业“空心化”。基于 2007—2013 年制造业上市公司数据研究发现，无论是采用当期、三年平均或滞后一期的指标，主营业务资产收益率与房地产投资呈现负相关关系，制造业上市公司投资房地产很大程度上是因为其主业收益率过低。受房地产繁荣影响的主要是成立时间较短的制造业上市公司，而那些成立时间较长的公司，可能由于盈利模式已经比较成熟，反而较少参与投资房地产业务。

基于梅利茨（2003）、鲍德温（2006）和奥塔维亚诺（2011）等对异质性企业空间分布的研究，我们还实证分析了排序效应的存在。子公司所在地平均工业用地出让价格的系数均显著为正，这意味着平均工业出让土地价格每增加1万元，公司的生产效率提高1.2%，这证明了排序效应的存在。同时，从第一年到第三年，子公司平均工业用地出让价格的排序效应逐年升高，从第四年则逐步消失。

实现产业转型升级是当前中国经济可持续发展所面临的重要任务。从土地作为一类重要生产要素的角度出发，本书讨论了土地成本上升是否对产业转型升级形成“倒逼”机制。研究发现，市场力量主导所形成的“倒逼”效应强于政府主导的机制，劳动力成本上升对工业增长的抑制效应和对第三产业的促进效应同时并存，而依靠政府发挥作用的环境规制和土地约束并未形成有效的“倒逼”机制。

“土地财政”已经成为中国经济转型发展中的重要问题。1994年分税制改革后形成的财政集权为土地财政奠定了制度性基础，而保持财政收支平衡是土地财政的一个重要动因。关于各类土地价格对于土地财政作用的研究表明，2007—2013年土地财政依赖度普遍较高并且年度间波动比较大；土地价格对土地财政依赖度提高有正向的影响，总体上看，工业土地出让价格对土地财政的贡献最大，其余按贡献度依次为住宅土地出让价格和商业土地出让价格；在2007—2010年房地产投资活跃时期，土地价格更容易提升土地财政依赖水平，而在2011—2013年房地产投资下降时期，土地价格对土地财政依赖水平没有显著影响；分地区看，东部地区土地财政依赖水平主要受到住宅土地出让价格影响，而中部地区和西部地区土地财政依赖水平主要受到工业土地出让价格影响。

关于土地财政对税收负担影响的研究表明，土地出让金比重会降低地方税收占GDP比重和企业所得税占GDP比重，但影响系数在经济学意义上可以忽略不计，而对营业税占GDP比重、增值税占GDP比重和个人所得税占GDP比重统计系数不显著。从税收负担角度考虑，“以地生税”机制并没有发挥太大的作用。而基于投资缓慢调整期（2011—2013 年）的分析则表明，土地财政依赖程度降低，税收负担却有所上升。由于财政支出是刚性的，前期土地财政依赖会对税收负担产生一定扭曲作用。

基于中国地区和产业一般均衡模型的研究发现，土地出让价格变动对社会福利的影响也通过三个渠道实现。首先，由于出让土地价格变动引起的基本生产率变动会影响所有部门由消费加权的全要素生产率。其次，出让土地价格变动引发的劳动力流动影响投入要素组合中劳动力成本的占比。最后，土地价格变动和生产率变动通过国家财富组合收益和个体实际收入进而影响社会福利。

基于动态视角，本书还考察了以土地融资为核心的中国特色土地开发模式的特征。这一土地开发模式所采用的融资方式很大程度上依赖于土地增值预期，因而与宏观经济走向相联系而呈现很强的金融加速器效应。基于地级市城投债的实证结果验证了金融加速器效应：当宏观经济增速较高时，前期土地财政水平与后期城投债融资规模为正相关关系；而当宏观经济增速放缓时，前期土地财政水平与后期城投债融资规模和次数为负相关关系。同时，土地金融加速器效应主要来自以商住用地为主的土地开发模式。更为重要的是，土地金融加速器发挥效应依赖于财政分权体制和地方官员晋升锦标赛等制度性因素。

以山东某经济技术开发区为例，利用企业层面的微观数据，分析了开发区招商引资的组织动员和产业集聚策略的效果，研究发现，经济技术开发区在招商引资过程中通过考核和激励政策，组织动员了各县市区和职能部门积极参与，形成“全员齐招商”的局面。自上而下的管理体制明确了招商主体的责任，保证了各类项目签约后开工完成率较高。然而，各部门由于在基层政治序列中的相对位置的不同，导致其土地投资效率不同，其中公共服务部门投资项目的土地投资效率最高，乡镇和党政部门最低。

A 开发区招商引资很大程度上实现了产业集聚发展策略。从时序上看，A 开发区履行先本地后外地的投资策略，依靠政策动员辅以优惠政策，大力引入本市内企业参与开发，有效地克服了发展初期由于预期盈利差而投资积极性不高的弱点，并从重点园区和行业两个方面形成产业集聚的动力。此外，产业集聚效应在开发区建设中也有重要体现，具体表现为前期某些累计投资较多的部门，越容易吸引到投资大项目。但是，受低端产业结构限制，产业集聚并没有提高土地利用效率。

第二节　政策建议

一　完善土地资源配置对产业转型升级的“倒逼”机制

为了进一步完善“倒逼”机制，通过市场力量和政府力量实现转型，需要加强以下三个方面的工作。

第一，进一步完善资源性产品价格形成机制。为避免廉价的资源价格助长企业依靠“低盈利—规模扩张”模式生存和发展，促进要素投入结构调整和优化，应当加强资源性产品的价格形成体制改革，健全资源有偿使用制度，提高各类生产要素的价格和相应的资源税费，发挥税收的级差调节作用。同时，下调甚至取消某些高能耗、高污染、劳动密集型产品的出口退税，对那些“两高一资”（高耗能、高污染和资源性）生产企业形成严厉的约束和压力，迫使其加快转型升级步伐。

第二，注重“升级”与“转移”结合。在发达地区统筹规划与合理布局兼顾，重视城市更新与发展，为产业转型升级提供载体。通过建设“倒逼”机制，提高土地空间集约节约利用水平，为战略性新兴产业培育发展腾出用地空间，以更高层次的产业形态促进产业升级。

第三，在政策制定上应建立退出与进入双通道。通过财政补偿、差别电价、阶梯水价、提高环保排污门槛等政策措施，引导过剩产能有序退出。同时，支持、鼓励企业发展替代产业，把化解产能过剩与培育新兴产业结合起来，推动腾出来的要素向高端产业聚集发展。

二　减轻当前土地开发模式对宏观经济波动的影响

土地出让财政容易受到各类土地价格和经济宏观波动的影响，已经成为地方经济的顺周期波动的重要因素。要改变土地财政的不利局面，从根本上说，需要改变现有体制下地方政府和官员的扭曲激励，要理顺土地租金、税收和各类行政事业性收费之间的关系，还要发展建设债券等地方融资平台，让融资与长期而非土地出让金财政收入挂钩。以土地融资为重点的土地开发模式的可持续性很大程度上受宏观经济波动的影响，具有很强的金融加速器效应。当土地价格高涨和土地增值预期强烈时，很容易实现举借新债还旧债，所以，土地开发模式的风险很小；而当土地交易不活跃和土地增值预期削弱时，面临资金链断裂问题的地方政府却很难实现融资。因此，从政策角度看，要控制以土地为抵押的融资规模，才能降低由于土地价值顺周期性造成的风险。要从体制机制上规避土地金融加速器效应造成的负面影响，需要从以下两个方面着手：

第一，针对“财权/财力与事权不匹配”的问题，重点推进财政权力与支出责任平衡。首先，支出责任划分更为合理，中央和省级政府在教育、社会保障和就业、医疗卫生与节能环保等方面承担更大的支出责任，减轻基层特别是县乡基层财政支出压力。其次，提高地方政府的财力保障水平，从房产税改革、土地出让收益改革等措施入手，适当提高共享税中地方分成比重，稳定地方政府的主体财政收入来源。最后，适度降低转移支付规模，以公共服务均等化为导向，建立“以均衡性转移支付为主，以专项转移支付为辅”的转移支付体系。

第二，要从根本上解决问题，还要从考核制度入手，建立科学合理的考核体系。土地财政高企很大程度上来自经济发展和财政收入增长的考核压力。要从根本上改善单纯以 GDP 增长为标准的政府官员评价体系，经济增长的目标逐渐从粗放型转变为质量导向，考核的指标可以从单纯追求各种总量指标转变为强调科技含量和资源投入效率。吸收群众参与到考评体系中以提高考核中信息透明度。借鉴浙江省考评制度的经验，吸收“两代表一委员”和社会精英（如企业家、村干部）等参加考评，逐步提高普通群众参与的规模和权重比重。由此，基层政府必然按照群众需求和市场规律来推动经济增长和产业结构升级，更加重视经济增长的“过程管理”，而非 GDP 的增速或者投资的规模。

三 进一步完善土地开发的微观机制

高房价可能会吸引过多本应用于制造业生产部门的投资，造成对制造业部门投资相对匮乏，可能造成制造业产业“空心化”。首先，制定产业政策时要充分考虑产业间的相互关联。行业政策只有将企业投资决策的影响因素纳入充分考虑，才能有效地发挥作用。其次，实证证据表明，维持房地产业过高的资本收益率可能会损害制造业主营业务投资的积极性。如当前量化宽松的货币政策使房地产等行业阶段性收益过高，会诱使制造业一定程度上的资本流出，短期不利于转型升级目标的实现。

为了防止制造业过度涉足房地产行业，保持制造业自身的竞争优势，政策监管当局可以考虑采取以下措施：一是要加强相关制度的执行力度，保证制造业法人股东与所持股房地产关联方交易透明化。二是要从多方面入手保证制造业企业合理的利润预期，促使制造业上市公司专注于主营业务。依靠高投资和高出口促进增长的模式已经难以为继，必须着力于提升要素配置效率。一方面通过继续深化改革发挥市场在资源配置中的基础性作用，让要素在企业、产业和地区之间合理流通；另一方面强化以工艺工程和技术开发为基础的创新力度，加大在人才、信贷和税收方面的支持，致力于发展科技含量高、经济效益好的高端制造业。

经济技术开发区在招商引资过程中通过考核和激励政策，组织动员了各县市区和职能部门积极参与，形成“全员齐招商”的局面，在很大程度上实现了产业集聚发展策略。尽管组织动员基于考核指标的确调动了各个部门的积极性，但也暴露了其固有的一些弱点，如纳入考核的指标如引资规模得到较好落实，而土地投资效率并未成为工作重点。同时，非经济部门过多参与也影响其履行正常职能。在当前经济进入“新常态”的前提下，招商引资应逐步引入市场化机制，由外延增长过渡到内涵增长。

第三节 创新与不足

一 创新

本书的第一个贡献是弄清了房地产业发展对于制造业上市公司的“空心化”效应和排序效应。关于“空心化”效应，现有文献揭示了房地产价格上涨引发制造业规模和效率“空心化”，进而对全要素生产率带来负面影响，是经济结构扭曲和贫富差距进一步恶化的重要原因。现有研究多集中于地区或行业层面，本书利用制造业上市公司子公司投资数据，从企业层面提供了制造业公司投资房地产的产业“空心化”证据。关于排序效应，现有文献利用“新”新地理经济学异质性企业的框架，讨论了产业集聚带来的拥塞效应和集聚效应对不同产业的影响，以及房价上涨促进差异化产品扩散、劳动力流动和制造业空间转移。这些研究要么集中于某些地区（如长三角），要么从省际的角度出发。本书利用上市公司生产性子公司数据，考察了制造业上市公司经济效率和生产性子公司加权工业用地价格的关系，为土地成本促进空间转移研究提供了微观企业层面的证据。

本书的第二个贡献是讨论了土地等成本对产业转型升级的“倒逼”效应。当前，相关研究都没有直接讨论土地资源配置与产业转型升级的关系，只是从产业宏观发展的角度，讨论了不同产业部门在不同发展阶段的关系。替代弹性和收入弹性以及技术进步速度和资本密集程度等决定了部门规模的扩张速度，能够解释工业部门先上升后下降的倒“U”形结构变迁过程。这些研究忽略了土地价格和配置方式在促进生产要素在部门之间重新分配的作用。从土地作为一类重要生产要素的角度出发，本书讨论土地等各类成本上升是否对产业转型升级形成倒逼机制。

本书的第三个贡献是进一步深化了关于土地财政的研究。1994 年分税制改革后形成的财政集权是土地财政的制度性基础。由于财权和事权的这种体制设定而造成的严重不对称，各级地方政府纷纷依靠预算外收入来寻求财政来源，采用低价出让工业用地、高价出让商住用地的土地出让策略来最大化土地收益。现有文献没有讨论住宅用地、商业用地和工业用地在土地财政机制中发挥的不同作用，以及土地财政对地方税收负担的效应。本书从这两方面入手，讨论了各类用地价格在土地财政中发挥的不同作用，深化了关于“以地生税”机制的认识。此外，从税收角度讨论了土地财政对税收负担的影响，也是这方面研究的一个拓展。

本书的第四个贡献是建立了中国的地区和产业一般均衡模型，分析土地资源配置对地区 GDP 和社会福利的影响渠道。据笔者所知，这在国内尚属首次建立此类空间模型，可为后来研究提供理论借鉴。模型引入多个部门建立投入产出之间的联结，并将投入划分为劳动力和土地两类要素，土地仅可在部门间转移，而劳动力可在地区和部门间转移，深化了对约简模型框架下一系列研究的认识。

本书的第五个贡献是基于动态视角研究了地方政府开发土地所形成的金融加速器效应。现有关于土地开发模式的研究一般停留在土地财政的成因和负面影响方面，但很少有文献从动态角度讨论土地开发模式和地方债务融资之间的关系。具体而言，本书考察了宏观经济扩张期和放缓期土地金融加速器效应的异质性表现。地方政府土地开发模式的可持续性有赖宏观经济繁荣和土地增值预期，土地增值预期使得土地的可持续性不会遭到质疑，因而土地开发规模扩张向投资者释放了良好的信号，增加了地方政府的债务融资。而宏观经济增速放缓时，土地增值的预期遭到质疑，过度扩张的土地开发规模会降低地方政府的融资规模。此外，关于土地金融加速器效应的现有研究以私人部门为主体，本书则发现了地方政府主导的土地金融加速器效应。

二　不足

本书的第一个不足是受土地数据和上市公司会计准则变更的限制，选取的研究期间为 2007—2013 年，无法完全反映房地产行业发展的全貌。

第二个不足是部分变量的外生性程度不够，如土地财政与税收负担的研究中土地财政相对有一定的内生性。

第三个不足是受地区间缺少贸易数据限制，并未对中国的地区和产业一般均衡模型进行校准和数据模拟，这使该模型对于本书研究期间各类经济现象的解释能力打了一定折扣。

三 未来研究的方向

本书并没有估算出土地资源配置对中国社会总福利及各类主体福利分配所产生效应的具体数值，根本原因在于本书所需要的地区间贸易数据不可得。要回答以上问题，需要校准空间均衡模型，在一般均衡的框架下，通过数据模拟讨论地区间在劳动力、资本和货物自由流动条件下，土地资源配置对各地区的影响。这也是未来研究努力的方向。

另外，本书主要着眼于宏观经济高速增长期间内土地资源配置的各类效应。从本书的结论可以发现，土地资源配置在中国经济发展中的地位和作用逐步深化。本书没有回答的一个问题是，土地资源配置在宏观经济进入中高速增长期后能够发挥怎样的作用，仍然留待进一步的研究。

参考文献

[1] 陈斌开、林毅夫:《发展战略、城市化与中国城乡收入差距》,《中国社会科学》2013 年第 4 期。

[2] 陈斌开、金箫、欧阳涤非:《住房价格、资源错配与中国工业企业生产率》,《世界经济》2015 年第 4 期。

[3] 陈梅英、郑荣宝、王朝晖:《土地资源优化配置研究进展与展望》,《热带地理》2009 年第 5 期。

[4] 陈体标:《经济结构变化和经济增长》,《经济学》(季刊)2007 年第 4 期。

[5] 陈体标:《技术增长率的部门差异和经济增长率的"驼峰形"变化》,《经济研究》2008 年第 11 期。

[6] 陈晓光、龚六堂:《经济结构变化与经济增长》,《经济学》(季刊)2005 年第 2 期。

[7] 陈彦斌、邱哲圣:《高房价如何影响居民储蓄率和财产不平等》,《经济研究》2011 年第 10 期。

[8] 曹春方、马连福、沈小秀:《财政压力、晋升压力、官员任期与地方国企过度投资》,《经济学》(季刊)2014 年第 4 期。

[9] 曹春方:《政治权力转移与公司投资:中国的逻辑》,《管理世界》2013 年第 1 期。

[10] 陈菁、李建发:《财政分权,晋升激励与地方政府债务融资行为——基于城投债视角的省级面板经验证据》,《会计研究》2015 年第 2 期。

[11] 蔡继明、程世勇:《地价双向垄断与土地资源配置扭曲》,《经济学动态》2010 年第 11 期。

[12] 邓子梁、陈岩：《外商直接投资对国有企业生存的影响：基于企业异质性的研究》，《世界经济》2013 年第 12 期。

[13] 董直庆、蔡啸、王林辉：《技术进步方向、城市用地规模和环境质量》，《经济研究》2014 年第 10 期。

[14] 范剑勇、冯猛、李方文：《产业集聚与企业全要素生产率》，《世界经济》2014 年第 5 期。

[15] 范剑勇、莫家伟：《地方债务，土地市场与地区工业增长》，《经济研究》2014 年第 49 期。

[16] 范剑勇、邵挺：《房价水平、差异化产品区位分布与城市体系》，《经济研究》2011 年第 2 期。

[17] 樊纲、王小鲁、马光荣：《中国市场化进程对经济增长的贡献》，《经济研究》2011 年第 9 期。

[18] 范言慧、席丹、殷琳：《繁荣与衰落：中国房地产业扩张与“荷兰病”》，《世界经济》2013 年第 11 期。

[19] 干春晖、郑若谷：《改革开放以来产业结构演进与生产率增长研究——对中国 1978—2007 年“结构红利假说”的检验》，《中国工业经济》2009 年第 2 期。

[20] 干春晖、郑若谷、余典范：《中国产业结构变迁对经济增长和波动的影响》，《经济研究》2011 年第 5 期。

[21] 高波、陈健、邹琳华：《区域房价差异、劳动力流动与产业升级》，《经济研究》2012 年第 1 期。

[22] 高玲玲：《中国房价上涨是否引发工业衰退》，《现代财经》（天津财经大学学报）2015 年第 9 期。

[23] 龚强、王俊、贾坤：《财政分权视角下的地方政府债务研究：一个综述》，《经济研究》2011 年第 7 期。

[24] 胡安俊、孙久文：《中国制造业转移的机制、次序与空间模式》，《经济学》（季刊）2014 年第 4 期。

[25] 黄少安、陈斌开、刘姿彤：《“租税替代”、财政收入与政府的房地产政策》，《经济研究》2012 年第 8 期。

[26] 蒋省三、刘守英、李青：《土地制度改革与国民经济成长》，

《管理世界》2007 年第 9 期。
[27] 雷潇雨、龚六堂：《基于土地出让的工业化与城镇化》，《管理世界》2014 年第 9 期。
[28] 梁若冰：《财政分权下的晋升激励、部门利益与土地违法》，《经济学》（季刊）2010 年第 1 期。
[29] 李力行、申广军：《经济开发区、地区比较优势与产业结构调整》，《经济学》（季刊）2015 年第 3 期。
[30] 李永友：《房价上涨的需求驱动和涟漪效应——兼论我国房价问题的应对策略》，《经济学》（季刊）2014 年第 2 期。
[31] 林毅夫、陈斌开：《发展战略、产业结构与收入分配》，《经济学》（季刊）2013 年第 4 期。
[32] 林毅夫、蔡昉、李周：《中国的奇迹：发展战略与经济改革》（增订版），上海三联书店、上海人民出版社 1999 年版。
[33] 林毅夫、蔡昉、李周：《比较优势与发展战略——对"东亚奇迹"的再解释》，《中国社会科学》1999 年第 5 期。
[34] 刘伟、蔡志洲：《技术进步、结构变动与改善国民经济中间消耗》，《经济研究》2008 年第 4 期。
[35] 刘伟、张辉：《中国经济增长中的产业结构变迁和技术进步》，《经济研究》2008 年第 11 期。
[36] 刘瑞明、石磊：《国有企业的双重效率损失与经济增长》，《经济研究》2010 年第 1 期。
[37] 龙小宁、朱艳丽、蔡伟贤、李少民：《基于空间计量模型的中国县级政府间税收竞争的实证分析》，《经济研究》2014 年第 8 期。
[38] 陆铭、欧海军、陈斌开：《理性还是泡沫：对城市化、移民和房价的经验研究》，《世界经济》2014 年第 1 期。
[39] 罗长远、张军：《劳动收入占比下降的经济学解释——基于中国省级面板数据的分析》，《管理世界》2009 年第 5 期。
[40] 罗党论、佘国满：《地方官员变更与地方债发行》，《经济研究》2015 年第 5 期。

[41] 罗时空、周亚虹：《房价影响企业投资吗：理论与实证》，《财经研究》2013 年第 8 期。
[42] 满燕云：《“土地财政”难题求解》，《中国改革》2010 年第 8 期。
[43] 毛其淋、盛斌：《中国制造业企业的进入退出与生产率动态演化》，《经济研究》2013 年第 4 期。
[44] 潘文卿：《中国区域经济差异与收敛》，《中国社会科学》2010 年第 1 期。
[45] 庞晓波、李丹：《中国经济景气变化与政府债务风险》，《经济研究》2015 年第 10 期。
[46] 钱学锋、黄玖立、黄云湖：《地方政府对集聚租征税了吗？——基于中国地级市企业微观数据的经验研究》，《管理世界》2012 年第 2 期。
[47] 曲福田、高艳梅、姜海：《我国土地管理政策：理论命题与机制转变》，《管理世界》2005 年第 4 期。
[48] 邵挺、范剑勇：《房价水平与制造业的区位分布——基于长三角的实证研究》，《中国工业经济》2010 年第 10 期。
[49] 盛丹、王永进：《产业集聚、信贷资源配置效率与企业的融资成本——来自世界银行调查数据和中国工业企业数据的证据》，《管理世界》2013 年第 6 期。
[50] 宋凌云、王贤彬、徐现祥：《地方官员引领产业结构变动》，《经济学》（季刊）2012 年第 1 期。
[51] 史宇鹏、和昂达、陈永伟：《产权保护与企业存续：来自制造业的证据》，《管理世界》2013 年第 8 期。
[52] 孙浦阳、韩帅、许启钦：《产业集聚对劳动生产率的动态影响》，《世界经济》2013 年第 3 期。
[53] 孙秀林、周飞舟：《土地财政与分税制：一个实证解释》，《中国社会科学》2013 年第 4 期。
[54] 谭荣：《征收和出让土地中政府干预对土地配置效率影响的定量研究》，《中国土地科学》2010 年第 2 期。

[55] 谭荣、曲福田：《中国农地发展权之路：治理结构改革代替产权结构改革》，《管理世界》2010 年第 6 期。
[56] 陶然、陆曦、苏福兵、汪晖：《地区竞争格局演变下的中国转轨：财政激励和发展模式反思》，《经济研究》2009 年第 7 期。
[57] 陶然、袁飞、曹广忠：《区域竞争、土地出让与地方财政效应：基于 1999—2003 年中国地级城市面板数据的分析》，《世界经济》2007 年第 10 期。
[58] 汤玉刚、陈强、满利苹：《资本化，财政激励与地方公共服务提供——基于我国 35 个大中城市的实证分析》，《经济学》（季刊）2015 年第 4 期。
[59] 王金照：《典型国家工业化历程比较与启示》，中国发展出版社 2010 年版。
[60] 王锦阳、刘锡良：《住宅基本价值、泡沫成分与区域溢出效应》，《经济学》（季刊）2014 年第 4 期。
[61] 王永进、张国峰：《开发区生产率优势的来源：集聚效应还是选择效应?》，《经济研究》2016 年第 7 期。
[62] 王永钦、包特：《异质交易者、房地产泡沫与房地产政策》，《世界经济》2011 年第 11 期。
[63] 王永钦、戴芸、包特：《财政分权下的地方政府债券设计：不同发行方式与最优信息准确度》，《经济研究》2015 年第 11 期。
[64] 王文春、荣昭：《房价上涨对工业企业创新的抑制影响研究》，《经济学》（季刊）2014 年第 2 期。
[65] 王玉波、唐莹：《中国土地财政地域差异与转型研究》，《中国人口·资源与环境》2013 年第 10 期。
[66] 王媛、贾生华：《不确定性、实物期权与政府土地供应决策：来自杭州的证据》，《世界经济》2012 年第 3 期。
[67] 武康平、胡谍：《房地产市场与货币政策传导机制》，《中国软科学》2010 年第 10 期。
[68] 吴晓瑜、王敏、李力行：《中国的高房价是否阻碍了创业?》，《经济研究》2014 年第 9 期。

[69] 徐建炜、徐奇渊、何帆：《房价上涨背后的人口结构因素：国际经验与中国证据》，《世界经济》2012 年第 2 期。
[70] 肖兴志、李少林：《环境规制对产业升级路径的动态影响研究》，《经济理论与经济管理》2013 年第 6 期。
[71] 徐现祥、王贤彬：《晋升激励与经济增长：来自中国省级官员的证据》，《世界经济》2010 年第 2 期。
[72] 徐朝阳、林毅夫：《发展战略与经济增长》，《中国社会科学》2010 年第 3 期。
[73] 徐朝阳：《工业化与后工业化："倒 U 型" 产业结构变迁》，《世界经济》2010 年第 12 期。
[74] 弋代春、樊纲治：《地方政府融资平台的土地市场参与研究》，《宏观经济研究》2015 年第 10 期。
[75] 原鹏飞、冯蕾：《经济增长、收入分配与贫富分化——基于 DCGE 模型的房地产价格上涨效应研究》，《经济研究》2014 年第 9 期。
[76] 杨继东、赵文哲、刘凯：《刺激计划，国企渠道与土地出让》，《经济学》（季刊）2016 年第 3 期。
[77] 杨帅、温铁军：《经济波动、财税体制变迁与土地资源资本化——对中国改革开放以来"三次圈地"相关问题的实证分析》，《管理世界》2010 年第 4 期。
[78] 杨其静、卓品、杨继东：《工业用地出让与引资质量底线竞争——基于 2007—2011 年中国地级市面板数据的经验研究》，《管理世界》2014 年第 11 期。
[79] 杨瑞龙、王元、聂辉华：《"准官员" 的晋升机制：来自中国央企的证据》，《管理世界》2013 年第 3 期。
[80] 杨扬、徐现祥、舒元：《广东省内经济差距缩小与产业转移》，《经济管理》2009 年第 4 期。
[81] 叶剑平、马长发、张庆红：《土地要素对中国经济增长贡献分析——基于空间面板模型》，《财贸经济》2011 年第 4 期。
[82] 余静文、谭静：《房价、流动性效应与企业融资约束》，《产业

经济研究》2015 年第 4 期。

[83] 赵安平、罗植:《扩大民生支出是否会推高房价》,《世界经济》2012 年第 1 期。

[84] 赵文哲、杨继东:《地方政府财政缺口与土地出让方式——基于地方政府与国有企业互利行为的解释》,《管理世界》2015 年第 4 期。

[85] 赵西亮、梁文泉、李实:《房价上涨能够解释中国城镇居民高储蓄率吗?——基于 CHIP 微观数据的实证分析》,《经济学》(季刊) 2014 年第 1 期。

[86] 张军:《"比较优势说" 的拓展与局限——读林毅夫新著〈新结构经济学〉》,《经济学》(季刊) 2013 年第 3 期。

[87] 张军、陈诗一、Gary H. Jefferson:《结构改革与中国工业增长》,《经济研究》2009 年第 7 期。

[88] 张军、高远、傅勇:《中国为什么拥有了良好的基础设施?》,《经济研究》2007 年第 3 期。

[89] 张俊远、王瑞芳:《土地财政与生产要素市场资源配置的扭曲——来自省际面板 VAR 的证据》,《社会科学家》2013 年第 3 期。

[90] 张莉、高元骅、徐现祥:《政企合谋下的土地出让》,《管理世界》2013 年第 12 期。

[91] 张莉、徐现祥、王贤彬:《地方官员合谋与土地违法》,《世界经济》2011 年第 3 期。

[92] 张清勇、郑环环:《中国住宅投资引领经济增长吗?》,《经济研究》2012 年第 2 期。

[93] 曾海舰:《房产价值与公司投融资变动——抵押担保渠道效应的中国经验证据》,《管理世界》2012 年第 5 期。

[94] 郑忠华、邸俊鹏:《房地产借贷、金融加速器和经济波动——一个贝叶斯估计的 DSGE 模拟研究》,《经济评论》2012 年第 6 期。

[95] 郑思齐、孙伟增、吴璟、武赟:《"以地生财,以财养地"——

中国特色城市建设投融资模式研究》，《经济研究》2014 年第 8 期。

[96] 周飞舟：《生财有道：土地开发和转让中的政府和农民》，《社会学研究》2007 年第 1 期。

[97] 周业安、章泉：《财政分权，经济增长和波动》，《管理世界》2008 年第 3 期。

[98] 周黎安：《中国地方官员的晋升锦标赛模式研究》，《经济研究》2007 年第 7 期。

[99] 周黎安、赵鹰妍、李力雄：《资源错配与政治周期》，《金融研究》2013 年第 3 期。

[100] 中国经济增长前沿课题组：《城市化、财政扩张与经济增长》，《经济研究》2011 年第 11 期。

[101] 左翔、殷醒民：《土地一级市场垄断与地方公共品供给》，《经济学》（季刊）2013 年第 2 期。

[102] 左翔、殷醒民：《“土地财政”模式与地方公共品供给》，《世界经济文汇》2014 年第 4 期。

[103] 钟辉勇、钟宁桦、朱小能：《城投债的担保可信吗？——来自债券评级和发行定价的证据》，《金融研究》2016 年第 4 期。

[104] Acemoglu, D. and F. Zilibotti, *Productivity Differences*, Technology, 2015.

[105] Alder, S., Shao, L., Zilibotti, F., “Economic Feforms and Industrial Policy in a Panel of Chinese Cities”, *Journal of Economic Growth*, 2016.

[106] Bai, C. E., Qian, Y., “Infrastructure Development in China: The Cases of Electricity, Highways, and Railways”, *Journal of Comparative Economics*, 2010.

[107] Baldwin, Richard E. and Toshihiro Okubo, “Heterogeneous Firms, Agglomeration and Economic Geography: Spatial Selection and Sorting”, *Journal of Economic Geography*, 2006.

[108] Behrens, K., G. Duranton, “Productive Cities: Sorting, Selec-

tion, and Agglomeration", *Journal of Political Economy*, 2014.

[109] Bernanke, B. S., Gertler, M., "The Financial Accelerator in a Quantitative Business Cycle Framework", *Handbook of macroeconomics*, 1999.

[110] Bhaumik, S. K. and Estrin, S., "How Transition Paths Differ: Enterprise Performance in Russia and China", *Journal of Development Economics*, 2007.

[111] Bo, Z., "Economic Performance and Political Mobility: Chinese Provincial Leaders", *Journal of Contemporary China*, 1996.

[112] Brandt, L., Tombe, T. et al., "Factor Market Distortions Across Time, Space and Sectors in China", *Review of Economic Dynamics*, 2013.

[113] Brülhart, M., "Economic Geography, Industry Location and Trade: The Evidence", *The World Economy*, 1998.

[114] Brülhart, Marius, Mario Jametti and Kurt Schmidheiny, "Do Agglomeration Economies Reduce the Sensitivity of Firm Location to Tax Differentials?", *The Economic Journal*, 2012.

[115] Caliendo, L., Parro, F. et al., *The Impact of Regional and Sectoral Productivity Changes on the US Economy*, National Bureau of Economic Research, 2014.

[116] Charney, T., Sraer, D. et al., *The Collateral Channel: How Real Estate Shocks Affect Corporate Investment*, National Bureau of Economic Research, 2011.

[117] Chen, Shi Y. and Wang, Li, *Will Political Connection Be Accounted for the Interest Rate of Chinese UDIBs*, Emerging Markets Finance and Trade, 2015.

[118] Davis, D. R. and Dinge, J. I., *A Spatial Knowledge Economy*, National Bureau of Economic Research, 2012.

[119] Davis, D. R. and Dingel, J. I., *The Comparative Advantage of Cities*, National Bureau of Economic Research, 2014.

[120] De Long, J. B. , Shleifer, A. et al. , "Positive Feedback Investment Strategies and Destabilizing Rational Speculation", *The Journal of Finance*, 1990.

[121] Devereux, M. P. , Griffith, R. et al. , "Firm Location Decisions, Regional Grants and Agglomeration Externalities", *Journal of Public Economics*, 2007.

[122] Devereux, Michael P. , Ben Lockwood and Michael Redoano, "Do Countries Compete over Corporate Tax Rates?", *Journal of Public Economics*, 2008.

[123] Echevarria, C. , "Changes in Sectoral Composition Associated with Economic Growth", *International Economic Review*, 1997.

[124] Fan, S. , Zhang, X. et al., "Structural Change and Economic Growth in China", *Review of Development Economics*, 2003.

[125] Favilukis, J. , Ludvigson, S. C. et al. , *The Macroeconomic Effects of Housing Wealth, Housing Finance, and Limited Risk - sharing in General Equilibrium*, National Bureau of Economic Research, 2010.

[126] Gang, G. and Lin, J. Y. , "Deflationary Expansion: An Overshooting Perspective to the Recent Business Cycle in China", *China Economic Review* , 2008.

[127] Gaubert, C. , "Firm Sorting and Agglomeration", Unpublished Manuscript, Princeton University, 2014.

[128] Gollin, D. , "Getting Income Shares Right", *Journal of Political Economy*, 2002.

[129] Grossman, G. M. and Yanagawa, N. , "Asset Bubbles and Endogenous Growth", *Journal of Monetary Economics*, 1993.

[130] Guerrieri, V. , Hartley, D. et al. , "Endogenous Gentrification and Housing Price Dynamic", *Journal of Public Economics* , 2013.

[131] Han, L. and Kung Fiscal, J. K. - S. , "Incentives and Policy Choices of Local Governments: Evidence from China", *Journal of*

Development Economics, 2015.

[132] Hausman, J. A., Hall, B. H. and Griliches, "Econometric Models for Count Data with an Application to the Patents R&D Relationship", *Econometrica*, 1984.

[133] Hart, O., "Different Approaches to Bankruptcy", *National Bureau of Economic Research*, 2000.

[134] Helpman, E., *General Purpose Technologies and Economic Growth*, MIT Press, 1998.

[135] Henderson, J. V., "The Sizes and Types of Cities", *The American Economic Review*, 1974.

[136] Hilber, C. A. L., Mayer, C. J., "Land Supply, House Price Capitalization, and Local Spending on Schools", The Wharton School, University of Pennsylvania, 2001.

[137] Iacoviello, M. and Pavan, M., "Housing and Debt over the Life Cycle and over the Business Cycle", *Journal of Monetary Economics*, 2013.

[138] Jofre – Monseny, Jordi, Raquel Marín – López and Elisabet Viladecans – Marsal, "The Mechanisms of Agglomeration: Evidence from the Effect of Inter – industry Relations on the Location of New Firms", *Journal of Urban Economics*, 2011.

[139] Jofre – Monseny, J., Marín – López, R. et al., "The Determinants of Localization and Urbanization Economies: Evidence from the Location of New Firms in Spai", *Journal of Regional Science*, 2014.

[140] Jones, C. I., "Misallocation, Economic Growth, and Input – output Economics", *National Bureau of Economic Research*, 2011.

[141] Kimura, S., Otsuka, K. et al., "Efficiency of Land Allocation through Tenancy Markets: Evidence from China", *Economic Development and Cultural Change*, 2011.

[142] King, I. and Ferguson, D., "Dynamic Inefficiency, Endogenous Growth, and Ponzi Games", *Journal of Monetary Economics*, 1993.

[143] Kiyotaki, N. and Moore, J., "Credit Chains", *Journal of Political Economy*, 1997.

[144] Kongsamut, P., Rebelo, S. et al., "Beyond Balanced Growth", *The Review of Economic Studies*, 2001.

[145] Krugman, P. R., *Geography and Trade*, MIT Press, 1991.

[146] Krugman Paul, *Development*, *Geography*, *and Economic Theor*, Cambridge: MIT Press, 1995.

[147] Kuznets, S., "Modern Economic Growth: Findings and Reflections", *The American Economic Review*, 1973.

[148] Li, H. and Zhou, L. – A. "Political Turnover and Economic Performance: The Incentive Role of Personnel Control in China", *Journal of Public Economics*, 2005.

[149] Lin, J. Y. and Zhang, P., "Development Strategy, Optimal Industrial Structure and Economic Growth in Less Developed Countries", *CID Graduate Student and Postdoctoral Fellow Working Paper*, 2007.

[150] Liu, Z., Wang, P. et al., "Land – Price Dynamics and Macroeconomic Fluctuation", *Econometrica*, 2013.

[151] Melitz, M. J., "The Impact of Trade on Intra – industry Reallocations and Aggregate Industry Productivity", *Econometrica*, 2003.

[152] Mian, Atif, and Amir Sufi, "House Prices, Home Equity – based Borrowing, and the Us Household Leverage Crisis", *The American Economic Review*, 2011.

[153] Mian, A. and Sufi, A., "What Explains the 2007 – 2009 Drop in Employment?", *Econometrica*, 2014.

[154] Miao, J. and Wang, P., "Bubbles and Total Factor Productivity", *The American Economic Review*, 2012.

[155] Oates, W. E., "The Effects of Property Taxes and Local Public Spending on Property Values: An Empirical Study of Tax Capitalization and the Tiebout Hypothesi", *Journal of Political Economy*, 1969.

[156] Otsuka, K., "Efficiency and Equity Effects of Land Market", *Handbook of Agricultural Economics*, 2007.

[157] Ottaviano, G., "New Economic Geography: Firm Heterogeneity and Agglomeration Economies", *Journal of Economic Geography*, 2011.

[158] Ottaviano, G. I., "Firm Heterogeneity, Endogenous Entry, and the Business Cycle", *NBER International Seminar on Macroeconomics*, 2011.

[159] Peterson, George, "Unlocking Land Values to Finance Urban Infrastructure", Washington D. C.: The World Bank, 2009.

[160] Restuccia, D. and Rogerson, R., "Misallocation and Productivity", *Review of Economic Dynamics*, 2013.

[161] Rossi－Hansberg, E., Sarte, P. －D. et al., "Housing Externalities", *National Bureau of Economic Research*, 2013.

[162] Sachs, J. and Woo, W. T., "Structural Factors in the Economic Reforms of China, Eastern Europe, and the Former Soviet Union", *Economic Policy*, 2013.

[163] Schelkle, T., "A Test for Factor Misallocation and Bounds on Potential Output Gains", *Economic Policy*, 2013.

[164] Shenoy, A., "Market Failures and Misallocation: Decomposing Factor Misallocation by Source", *Economic Policy*, 2012

[165] Shih, V., "China's 8000 Credit Risks", *The Wall Street Journal*, 2010.

[166] Shiller, R. J., "Why Is Housing Finance Still Stuck in Such a Primitive Stage?", *The American Economic Review*, 2014.

[167] Su, F., Tao, R. et al., "Local Officials Incentives and China's Economic Growth: Tournament Thesis Reexamined and Alternative Explanatory Framework", *China & World Economy*, 2014.

[168] Wang, S. －Y., "Credit Constraints, Job Mobility, and Entrepreneurship: Evidence from a Property Reform in China", *Review of Economics and Statistics*, 2014.

[169] Wooldridge, J. M., "Distribution – free Estimation of Some Nonlinear Panel Data Model", *Journal of Econometrics*, 1999.

[170] Zhang, J., Zhu Rongji, "Might Be Right: Understanding the Mechanism of Fast Economic Development in China", *The World Economy*, 2012.

[171] Zhang, P., Gao, B. et al., "A Industrial Economics Analysis about City Government's Monopoly of Land Market: Structure, Conduct and Performance", *Urban Development*, 2014.

[172] Li, H., Zhou, L. A., "Political Turnover and Economic Performance: The Incentive Role of Personnel Control in China", *Journal of Public Economics*, 2005.

后　记

本书是我对中国土地开发、经济增长进行观察和思考的一个阶段性成果。在本书中，通过建立实证和结构模型，一方面从微观企业、地区和地方政府的角度，分析土地资源配置在房地产发展过程中对中国经济的一系列影响；另一方面基于空间均衡模型，考察一个地区土地价格的变动对资源配置和产出的一般均衡效应，以及土地融资为核心的中国特色土地开发模式的动态特征，并以山东某经济技术开发区为例，利用企业层面的微观数据，分析了开发区的招商引资策略。

本书所用资料，很大一部分来自官方数据和访谈所收集的各种资料。在收集过程中得到山东省发改委、统计局和地方各部门相关同志的支持，同时山东大学经济研究院的硕士朐倩、万学焴、崔雪娇、耿浩和赵书娇等同学帮助收集整理了部分数据，本书还得到山东省自然科学基金面上项目“房地产周期与土地资源的经济效应”（ZR2016GM24）资助，在此一并致以诚挚的谢意。

本书能够付梓，首先得益于众多师友的启发和支持，尤其是侯麟科副教授、魏建教授、黄少安教授、曲创教授、李增刚教授、孙涛副教授，本书的很多想法，来自他们的讨论和帮助；同时，也要感谢范玉波、赵阳、王瑞、刘小鸽，他们通过各种形式提供了有价值的帮助。这一致谢名单还包括更多的人，在此恕不一一列出。

我还要感谢所在单位山东管理学院为我提供了宽松和自由的学术环境，并为本书出版提供了经费资助。同时我还要特别感谢中国社会科学出版社卢小生编审，他在编辑出版过程中花费了大量的时间和精力。我还要感谢家人，他们的付出是全方位的，他们的激励是我不竭的工作动力源泉。

作者

2017 年 11 月